Martin und Sylvia Greiffenhagen
Das Glück

W0192804

Martin und Sylvia Greiffenhagen

Das Glück

Realitäten eines Traums

Piper
München Zürich

ISBN 3-492-03095-5
© R. Piper GmbH & Co. KG, München 1988
Gesetzt aus der Bembo-Antiqua
Gesamtherstellung: Mühlberger, Augsburg
Printed in Germany

Für Kathrin

Inhalt

Vorwort

Jedes Buch hat seine Vorgeschichte. Das Thema Glück beschäftigte uns lange, bevor wir die ersten Zeilen darüber niederschrieben. Gründe dafür gibt es viele. Wir nennen drei.

›Wie leben Sie?‹ Wer so fragt, vermutet bei sich und anderen eine gewisse Freiheit, sein Leben zu gestalten. Dieses Gefühl ist in den letzten Jahrzehnten auf bemerkenswerte Weise gewachsen. Immer mehr Menschen wählen bewußt zwischen Möglichkeiten, die sie prüfen, im Blick auf Beruf, Ehe, Kinder, Wohnort, Freizeit: Das eine muß man akzeptieren, das andere kann man einrichten. Was herauskommt, ist eine Skala von Dingen und Verhältnissen, die einem Glück versprechen. Diese Präferenzliste kombiniert die eigenen Wesenszüge mit den Angeboten, auf die man im Leben trifft. Wer sich gut kennt, macht weniger Fehler als jemand, der äußeren Reizen bedenkenlos folgt.

Die Skala unserer beider Glücksquellen hat in zwanzig gemeinsamen Jahren verschieden ausgesehen. Nicht nur die Umstände haben sich geändert, sondern auch unsere Neigungen. Wir haben diesen Prozeß aufmerksam verfolgt und ihn von Zeit zu Zeit diskutiert. Auch beobachteten wir das Leben von Freunden und Bekannten, Kollegen und Nachbarn unter diesem Gesichtspunkt. Darüber hinaus haben wir beide durch unsere Berufe viel mit Jugend zu tun, praktisch und theoretisch. Wir erfahren den ›Wertewandel‹ auf vielfache Weise. So wurde Glück für uns aus einem Traum zu einer handfesten Kategorie.

Je besser wir die unterschiedlichen Glücksbilanzen von Menschen kennenlernten, desto deutlicher sahen wir die Grenzen persönlicher Gestaltungsmöglichkeit. ›Jeder ist seines Glückes Schmied‹, dieser Satz bedarf erheblicher Einschränkungen. Als Sozialwissenschaftler kennen wir besonders die ökonomischen, sozialen und politischen Rahmenbedingungen, die unser privates Leben bestimmen. Wir haben vor Jahren ein Buch über die politische Kultur der Bundesrepublik geschrieben. Als gute Voraussetzungen persönlichen Glücks erschienen uns damals allgemeine Wohlfahrt und die Zustimmung zu einem politischen System, das Freiheit zu eigener Lebensgestaltung gibt. Jetzt nehmen wir das Thema wieder auf und fragen grundsätzlich nach dem objektiven Umfeld subjektiver Zufriedenheit.

Wer das tut, entdeckt auf Schritt und Tritt die philosophische Bedeutung der Sache. Das Thema Glück hat in der Philosophiegeschichte stets einen hohen Rang eingenommen: als Frage nach den Maßstäben für ein gelingendes Leben. In Umbruchzeiten wie den unseren gibt es dafür verschiedene Angebote.

Wir hoffen auf Leser, die wie wir an allen drei Fragen gleich stark interessiert sind: an der glücklichen Einrichtung ihres Lebens, an den Bedingungen, die Staat und Gesellschaft dafür bereitstellen, und nicht zuletzt an der Frage, welches Glück dem Menschen bestimmt ist.

Martin und Sylvia Greiffenhagen

Einleitung

»Wenn ich die mehrfachen Minuten wahren Glücks zusammenzähle, so kommen wohl nicht mehr als vierundzwanzig Stunden im ganzen heraus.« Diese Glücksbilanz stammt von Bismarck. Goethe war glücklicher, er brachte es auf beinahe einen Monat: »Man hat mich immer als einen vom Glück besonders Begünstigten gepriesen; auch will ich mich nicht beklagen und den Gang meines Lebens nicht schelten. Allein im Grunde ist es nichts als Mühe und Arbeit gewesen, und ich kann wohl sagen, daß ich in meinen fünfundsiebzig Jahren keine vier Wochen eigentliches Behagen gehabt habe.«

Was heißt ›Behagen‹? Vielleicht hatte Bismarck etwas anderes im Auge als Goethe? Außerdem kam Goethe sechs Jahre später zu einem wesentlich günstigeren Resultat. Er schrieb an seinen Freund Zelter, er sei glücklich und wünsche sich, sein Leben ein zweites Mal zu durchleben. Hier gebraucht er Glück offenbar im Sinne von Zufriedenheit. Der Sprachgebrauch läßt uns im unklaren darüber, ob Glück ein Dauerzustand sein kann oder nur eine Augenblickserfahrung ist. Wir sagen, jemand habe Glück gehabt, wenn ihm eine Unternehmung gelang; wir sagen aber auch, jemand habe eine glückliche Jugend, ein glückliches Alter, ein glückliches Leben gehabt.

Ebenso groß ist die Unsicherheit im Blick auf die Inhalte des Glücks. Dem Glück der Erwartung widerspricht das Glück der Erfüllung, dem Glück im Winkel das Glück des Abenteuers, dem Glück der Faulheit das

Glück der Leistung. Ist die Jugend glücklich oder eher das Alter? Man sollte denken, daß Epochen des Friedens glücklicher sind als Kriegszeiten, und doch gibt es Berichte vom Glück ganzer Nationen bei Kriegsausbruch und von der Kriegszeit als dem glücklichsten Abschnitt eines Manneslebens. Und weiter: Macht Geld glücklich oder nicht? Diogenes in seiner Tonne hielt nichts vom Reichtum, aber die Gegenbeispiele glücklicher Besitzer sind zahlreicher. Und schließlich sind da noch jene dunklen Seiten eines Glücks, das man nur zögernd eingesteht: grausame Rache, die Lust der Zerstörung.

Unsicher ist auch die Antwort auf die Frage, wie man des Glückes teilhaftig wird. Gibt es eine glückliche Veranlagung, wie es Pechvögel gibt? Stimmt es, daß jeder seines Glückes Schmied ist? Vielleicht gibt es auch ganze Völker, Nationen, Kulturen, die zum Glück eher taugen als andere?

Wer sich diese Schwierigkeiten vor Augen hält, könnte vermuten, Glück sei überhaupt kein Thema, sondern nur ein Wort: nicht sinnlos, aber in seinen Bedeutungsfeldern so weit gespannt, daß man den Versuch, sich ihm theoretisch zu nähern, nicht machen sollte. Dieser verständlichen Skepsis widerspricht die Tatsache, daß das Glück bis heute eines der wichtigsten Themen der Philosophie ist, und zwar ausdrücklich unter dieser Bezeichnung. Eudaimonia hieß es bei den alten Griechen, Glückseligkeit in der deutschen Aufklärung und Glück heute in Aufsätzen und Kongressen zu diesem Thema. Sogar die empirische Sozialforschung benutzt das Wort in Befragungen über Zufriedenheit und Lebensqualität der Bevölkerung. Es scheint sich um ein sinnvolles Thema zu handeln.

Trotzdem entzieht sich das Glück einer definitorischen Annäherung. Der römische Kulturphilosoph Marcus Terentius Varro hat ausgerechnet, daß es zu seiner Zeit

288 Lehrmeinungen über das Glück gab. Seither hat man nicht aufgehört, das Glück mit Begriffsbestimmungen einzufangen. Aber alle Eingrenzungen und Ausgrenzungen brachten wenig Erkenntnisgewinn: Die Quellen des Glücks sind zu verschieden, die Glücksfelder zu weit gespannt, als daß man es mit Einteilungen greifen könnte. Höchstens so allgemeine Definitionen wie die, das Glück sei das höchste Gut und alle Menschen strebten nach ihm, können einen gewissen Anspruch auf Gültigkeit stellen, verschieben die Schwierigkeit jedoch nur, weil sich sehr bald die Frage nach zuverlässigen Maßstäben stellt. Hier aber unterscheiden sich Menschen, Philosophien, Kulturen, historische Epochen.

Über Inhalte also kommt man einer Begriffsbestimmung des Glücks nicht näher. Eher schon mit einem Gedanken, der wenigstens *eine* wesentliche Bedingung des Glücks generell zu fassen sucht: Jeder Mensch bedürfe zu seinem Glück der Orientierung an Mächten, die seiner individuellen Existenz überlegen sind, ihr Richtung geben und einen Maßstab setzen. In der griechischen Philosophie hieß dies ›in Übereinstimmung mit der Natur leben‹, später sprach man vom Naturgesetz, noch später vom Naturrecht. Die christliche Theologie kennt die Schöpfungsordnung, innerhalb derer der Mensch Glück findet. Was allen diesen Ausdrücken gemeinsam ist, liegt in der Behauptung, der Mensch müsse in seinem Glücksstreben zugleich ein allgemeines Ziel verfolgen. Um ›sich selbst zu finden‹, müsse er sich Gesetzen unterwerfen, die ihm von der Natur oder durch göttliches Gesetz vorgeordnet sind. Nur so verfehle er sein Glück nicht. Kein dummer Gedanke, denn einerlei ob Mönch oder Lebemann, jeder begründet sein Glück mit dem Hinweis auf Mächte und Überzeugungen, die seine Individualität tragen. Zusammen mit den großen Kulturepochen der Menschheitsgeschichte wechseln diese allerdings.

Es gab früher unter Gebildeten ein beliebtes Gesellschaftsspiel: »In welcher Zeit möchtest Du gelebt haben?« Die Kunst bestand darin, in seiner Antwort nicht naiv die jetzige Existenz in irgendwelche vergangenen Zeiten hineinzuphantasieren, sondern möglichst viele Bedingungen in die Rechnung einzustellen. Nach immer raffinierteren Einwänden und Ergänzungen kam man am Ende zu der Einsicht, daß die Aufgabe unlösbar ist. Aber man hatte sich gut unterhalten und eines jedenfalls gelernt: Persönliches Glück ist in hohem Maße abhängig von ›glücklichen Zeiten‹.

Dies Buch will den Sinn für solche überindividuellen Bedingungen des Glücks stärken. Im Unterschied zu den vielen Trickkisten des Glücks, die heute geöffnet werden und den Eindruck erwecken, als ob der einzelne sich sein Glück schaffen könne, interessieren wir uns für die Faktoren, die der einzelne nicht in der Hand hat. Wie wir zeigen werden, offenbart gerade die privatistische Welle von Glücksanweisungen bei näherer Betrachtung ihre gesellschaftliche Abhängigkeit. Narzißmus ist ein Zeichen von Spätkulturen, und nur in ihnen werden solche Glücksrezepte verschrieben.

Hinzu kommt, daß heute wie nie zuvor ›systemische Bedürfnisse‹ unsere individuellen Glücksmöglichkeiten beeinflussen. Wer Angst vor dem Atomkrieg, dem Super-Gau oder davor hat, im heimatlichen Fluß zu baden oder einen Rehbraten zu essen, muß für weniger glücklich gelten als jemand ohne diese Sorgen.

Glücklich werden können nur Menschen, nicht Gesellschaften oder Staaten. Zwar spricht man von glücklichen Völkern, möchte aber heute darunter nur die Summe von Individuen gelten lassen. Daran also hat sich nichts geändert: Glück ist eine Kategorie persönlichen Lebens. Doch seine überindividuellen Bedingungen sind entweder in ihrer Bedeutung gestiegen, oder sie werden von uns deutlicher wahrgenommen als in früheren Zeiten. Das Thema Glück ist heute nicht mehr nur ein Gegenstand für Theologen und Philosophen, sondern ebenso für Politologen. Politik kann zwar das persönliche Glück nicht schaffen, aber es stellt Bedingungen dafür bereit oder läßt es an ihnen fehlen.

Spielen wir also das alte Gesellschaftsspiel noch einmal, unter verschärften Bedingungen: Wie steht es um unsere Glücksmöglichkeiten, unter dem Gesichtspunkt unserer biologischen Herkunft, unserer historischen Entwicklung, im Vergleich zu anderen Epochen? Wie beurteilen wir die Rahmenbedingungen unseres Glücks, im Blick auf unser zivilisatorisches Niveau, die Leistungen des Sozialstaates, die Verteilung von Arbeit und Freizeit, den Stand verschiedener Emanzipationen? Und gleichzeitig: Welche Orientierungsmuster lassen uns das Glück nach welchen Maßstäben innerhalb welcher Grenzen suchen und finden?

Glückliche Zeiten

»Nervös, müde, deprimiert durch Zeitungslektüre über den Siegesrausch der Entente und wüste Pläne, betreffend die Bestrafung Deutschlands, die aufzuerlegenden Bedingungen.« Eine Tagebucheintragung Thomas Manns vom 21. 9. 1918: Die nationale Katastrophe beeinträchtigt sein Lebensgefühl, läßt Glück nicht aufkommen. Sein Sohn Golo stellt die Verbindung von persönlichem Glück und den Bedingungen durch die Zeitläufte ausdrücklich her: »Ich weiß nicht, ob ich zu sehr viel Lebensfreude überhaupt bestimmt war. Aber ich weiß, daß das Maß an Lebensfreude, das ich je besaß, durch die Erfahrungen der dreißiger und vierziger Jahre, vor allem durch den Judenmord, sehr stark reduziert wurde und reduziert bleiben wird.«

Es muß nicht immer das Schicksal der eigenen Nation sein, deren Verfassung das persönliche Glück erhöht oder schmälert. Manche Europäer wurden in den Kolonien ihres Lebens nicht froh, weil sie unter den Bedingungen der unterworfenen Völker litten. Heute schreibt Brigitte Erler: »In Bangladesch schlafen viele Weiße nur mit Hilfe von Schlafmitteln, vielleicht wegen des Klimas. Ich vermute aber auch, daß das Leben wie in Kolonialzeiten für einen demokratisch erzogenen Mensch psychisch nur schwer zu ertragen ist.«

Im Zeitalter der ›Weltinnenpolitik‹ und einer durch die Medien ermöglichten Allgegenwart wird unser persönliches Glück vom Schicksal des gesamten Erdballs und aller auf ihm lebenden Völker beeinflußt. In Teilen unserer Jugend gibt es eine glücksmindernde Grundstimmung, die sich aus solcher globalen Sorge speist: Die Welt ist zerstört und bietet keine Glücksquellen mehr, nur noch Perspektiven des Unheils. Eine Stimme aus einer Tagung der Evangelischen Akademie Arnoldshain (1981):

»Ich weiß nicht, ob die Politiker dem nicht gewachsen sind, aber ich habe oft das Gefühl, daß sie auf einen gewissen Ausverkauf hinleben und sagen: Solange es uns noch gut geht, ist doch alles okay – und die Zukunft nicht mehr so ganz sehen, und davor habe ich halt unheimliche Angst, weil ich auch für mich eine Zukunft haben will und auch noch für meine Kinder.«

Frühere Phasen unserer Geschichte bargen im Urteil von vielen bessere Glücksmöglichkeiten als die heutige Zeit. Wie oft hat man die Epoche vor 1914 als besonders glückliche Phase beschrieben und sich wehmütig nach ihr zurückgesehnt. Aber auch Kriegszeiten lieferten zuweilen Bilder sehnsüchtiger Rückerinnerung: als eine Epoche großer Lebendigkeit, hoher Anspannung aller Kräfte, glücklicher Sinnfülle.

Es gab andererseits auch immer Epochen völliger Sinnleere. Der Literaturwissenschaftler Hans Mayer liefert literarische Belege dafür, daß Europa sich zwischen 1815 und 1848 in einer solchen Phase befunden habe: »Daher jene Philosophien und Dichtungen der Monotonie und Langeweile, ungezählte Beschreibungen des Seelenzustandes innerer Leere, eines Daseins ohne Richtung und Inhalt, auf der Jagd nach seelischen Sensationen, um die innere Leere zu übertönen, wie sie sich allenthalben in den Zeugnissen jener Generation findet, bei den Franzosen wie den Deutschen, den Engländern wie den Russen oder Spaniern. Eine Generation fragt sich, wozu und wohin sie lebt . . .«

Wie vorsichtig man jedoch mit Urteilen über das Glück in vergangenen Zeiten sein muß, dafür liefert Jacob Burckhardt in seinen ›Weltgeschichtlichen Betrachtungen‹ ein Beispiel. Es gibt dort ein Kapitel ›Glück und Unglück in der Weltgeschichte‹, in dem er das perikleische Zeitalter zunächst eine glückliche Epoche nennt:

»Auch ganze Zeitalter gelten als glücklich oder unglücklich; die glücklichen sind die sogenannten Blütezeiten der Menschheit. Ernstlich wird etwa hiefür das perikleische Zeitalter in Anspruch genommen, in welchem der Höhepunkt des ganzen Lebens des Altertums in bezug auf Staat, Gesellschaft, Kunst und Poesie erkannt wird.«

Ein paar Seiten später beurteilt Burckhardt diese Zeitspanne unter modernen Gesichtspunkten. Das Urteil ist verheerend:

»Die Zeit des Perikles in Athen war vollends ein Zustand, dessen Mitleben sich jeder ruhige und besonnene Bürger unserer Tage verbitten würde, in welchem er sich todesunglücklich fühlen müßte, selbst wenn er nicht zu der Mehrzahl der Sklaven und nicht zu den Bürgern einer Stadt der attischen Hegemonie, sondern zu den Freien und zu den athenischen Vollbürgern gehörte. Enorme Brandschatzung des einzelnen durch den Staat und beständige Inquisition in betreff der Erfüllung der Pflichten gegen denselben durch Demagogen und Sykophanten waren an der Tagesordnung. Und dennoch muß ein Gefühl des Daseins in den damaligen Athenern gelebt haben, das keine Sekurität der Welt aufwiegen könnte.« – Der letzte Satz zeigt, daß, wer über Glück und Unglück in früheren Zeiten urteilen will, stets die damaligen Maßstäbe noch mitbedenken muß.

Es gibt einen Hinweis darauf, daß Menschen ihre Zeit als wenig glückbringend empfinden: den Rückzug. Man kappt alle Verbindungen, die einen mit seiner Gesellschaft verbinden, und entscheidet sich für ein defensives Glück im Winkel. Man versucht, sein persönliches Glück ohne Hoffnung auf allgemeine Glücksquellen in Sicherheit zu bringen. Wenn solche Rückzüge von Religionen und Philosophien gestützt werden, darf man annehmen, daß ein großer Teil der Menschen das Gefühl hat, in einer unglücklichen Epoche zu leben. Es gibt viele Möglichkeiten defensiven Glücks. Asiatische und europäische Philosophen haben dafür Lehren erdacht und Schulen gegründet: Buddhismus, Epikureismus, Stoa, Skepsis – auch das Christentum war ursprünglich ein Produkt der Verzweiflung an den Zeitläuften. Wir werden auf dieses Glück des Ausstiegs in einem eigenen Kapitel zurückkommen.

Das Gesellschaftsspiel ›Wann möchtest Du gelebt haben?‹ erweitert diese Frage rasch auf die andere: als was, als wer, unter welchen sozialen Umständen? Als römischer Senator oder als Galeerensträfling, als mittelalterlicher Graf oder sein bäuerlicher Hintersasse, als Fabrikbesitzer oder als Arbeiter?

Dieser gesellschaftliche Aspekt fällt mit demjenigen der
›glücklichen Zeit‹ nicht unbedingt zusammen. Es gibt
offenbar Epochen, welche für jeden eine Chance enthalten, glücklich zu sein: durch eine allgemeine Prosperität,
die niemanden hungern läßt; durch ein günstiges Arrangement der Schichten und Stände mit wenig sozialer
Spannung; durch große Themen, die eine ›Schicksalsge-
meinschaft‹ zustande bringen, oder was sonst. Trotzdem
ist die Frage, in welcher sozialen Schicht ich mir mein
Leben in einer früheren Zeit denke, von großer Bedeutung. Meistens entscheidet man sich dabei für die ökono-
misch unabhängige und gleichzeitig politisch herrschende
Schicht.

Adlige Lebensweise hat zu allen Zeiten als die günstigste
gesellschaftliche Bedingung für persönliches Glück gegolten, und man kann sich fragen, ob es je noch einmal
eine so gelungene Kombination von Glücksgütern geben
wird: Wohlstand, politische Führung, hoher gesellschaftlicher Rang, ein Leben der Muße und der Abwechslung,
Zugang zu allen Künsten, zum Sport, umsorgt von Die-
nern, versorgt von Ärzten . . . Manches wäre noch hin-
zuzufügen, vor allem die Unzahl vieler kleiner Annehmlichkeiten, die zwar nicht das Glück bedeuten,
aber doch wesentliche Voraussetzungen dafür liefern.
Oder umgekehrt: Umstände, die das Unglück mindern.
So ist zum Beispiel eine schwere Krankheit leichter zu
ertragen, wenn man im Luxus lebt. Und obgleich im
Tode alle Menschen gleich sind, zeigt das Sterben bei
arm und reich große Unterschiede des Leidens und der
Qual.

Besonders glücklich waren vermutlich die Bedingungen der britischen gentry, dieser gelungenen Verbindung
von einem Adel, der Geschäfte machte, mit einem Bür-

gertum, das feudale Lebensart annahm. Über zweihundert Jahre lebte diese Aristokratie in teilweise sagenhaftem Reichtum, vermied die Borniertheiten beider Schichten, aus denen sie sich gebildet hatte, wechselte zwischen Stadt- und Landleben und lebte außerdem in Zeitläuften, deren Optimismus geschichtlich seinesgleichen sucht: Das englische Weltreich dehnte sich aus, der Handel florierte, der Reichtum wuchs. Die Engländer waren die Herren der Erde. Glücklich, wer sich zur Elite dieses Volkes zählen durfte. Nicht nur in England, sondern in der ganzen Welt bildet die Lebensweise der britischen gentry bis heute das Modell von Lebensumständen, die viele Glücksmöglichkeiten enthalten. Selbst für Karl Marx lieferte diese Existenz das Vorbild seines sozialen Paradieses.

Aber auch unter den Bedingungen anderer Stände und Schichten gibt es Lebensglück. Das *Bauerntum* darf aus verschiedenen Gründen als eine besonders glücksträchtige Sozialform gelten. Über Tausende von Jahren hat es bestanden, und noch die drückendsten Lasten und die brutalste Knebelung haben es nicht vernichten können. Zwar stammen die Lobpreisungen dieser naturnahen Lebensweise meist von Intellektuellen, und diese verschweigen die dunklen Seiten der Plackerei und Fron. Aber aus Biographien von Menschen bäuerlicher Herkunft gibt es genügend Hinweise dafür, daß einfachste bäuerliche Verhältnisse große Glückserfahrungen bereithielten. Das ausgewogene Machtverhältnis der Geschlechter ließ den Frauen viel Gestaltungs- und Glücksraum. Die Kinder wuchsen in einem durch die Großfamilie balancierten Autoritätsfeld auf und hatten über Reizarmut nicht zu klagen, auch wenn sie früh durch Arbeit und Verantwortung in den Lebensprozeß eingebunden wurden. Winterliche Muße mochte einen gewissen Ausgleich für die schwere Arbeit während der anderen Teile des Jahres bieten. Und was die feudale Unterdrückung anging, so stieß sie an zwei natürliche Grenzen: Erstens hatte der Gutsherr kein Interesse daran, die Ausbeutung bis zur Vernichtung der bäuerlichen Existenz zu treiben. Zweitens ließ er die Familienstruktur unangetastet, so daß Solidarität selber zur Glücksquelle werden konnte, als Erfahrung von Verläßlichkeit, Hilfe und Fürsorge.

Das *Bürgertum* hat neue Bedingungen des Glücks geschaffen. Diese waren in seiner Geschichte unterschiedlich akzentuiert: dynamisch-ausgreifend oder biedermeierlich-zurückgezogen. Und was schließlich das *Kleinbürgertum* und das *Proletariat* angeht, so gibt es auch hier genügend biographische Berichte von Glückserfahrungen. Allerdings entbehren sie selten der Hinweise auf Unsicherheit und Angst, die das Glück einschränken oder gefährden. Schon Vergil hatte geschrieben: »Niedrige Geburt verrät sich durch Furcht.« Das gilt bis heute, da der soziale ›Aufstiegsraum‹ sehr viel kleiner ist als die Ambitionen vieler, die in ihm hochkommen wollen: programmierte Frustration. Bevor man also allzu rasch das Glück des einfachen Mannes preist, muß man zur Kenntnis nehmen, daß Armut in den meisten Fällen Angst einschließt, dazu häufig Müdigkeit, Überlastung und auch heute manchmal wieder und noch Hunger. In den Märchen und Sagen aller Völker spielt der Hunger als Urangst der Menschheit eine große Rolle. Er erscheint als einer der stärksten Widersacher des Glücks.

Neben der Frage, wann und als was man gelebt haben möchte, ist auch das Wo von Bedeutung. Regionen und Städte erhalten heute Platzziffern für Lebensqualität. Nationen unterscheiden sich im Blick auf das, was sie an Klimabedingungen, Sozialleistungen, Eßkultur, Feriengebieten oder kulturellem Leben bieten. Auch die politischen Verhältnisse kommen in Betracht. Unter diesem Gesichtspunkt könnte man vermuten, daß die Bürger der Bundesrepublik mehr Glückschancen als die Menschen in der DDR haben, deren persönliche Glücksbilanz durch politische Überwachung, ideologische Karriereeinschränkungen und Reiseverbote negativ beeinflußt wird. Das Urteil, DDR-Bürger seien im ganzen weniger glücklich als westdeutsche, wäre allerdings verfrüht. Dafür gibt es zu viele Faktoren, die in der DDR positiv zu Buche schlagen: mehr Gemütlichkeit, weniger Arbeitsstreß, stärkere soziale Bindungen in Nachbarschaft und Freundschaft, weniger Karrierestreß.

Glück steckt an

Bei solchen Glücksbilanzen wird häufig ein Gesichtspunkt vergessen, obgleich er viel Plausibilität für sich hat: eine Mitwelt glücklicher Menschen. Glück steckt an, deshalb suchen die Menschen Gemeinschaft mit fröhlichen Leuten und meiden düstere Charaktere. Von Talleyrand erzählt man folgende Geschichte: Er hatte einem jungen Mann eine Stellung versprochen. Dieser dankt ihm und fügt hinzu, der Posten sei für ihn um so wichtiger, als er bisher viel Pech gehabt habe und überhaupt immer unglücklich gewesen sei. Da unterbricht ihn Talleyrand: »In diesem Falle nehme ich mein Versprechen zurück, Posten für Unglückliche habe ich nicht.«

Glückliche Menschen stimmen uns heiter. Eine eiserne Erziehungsregel der Aristokratie verbannt deshalb alle unangenehmen Themen aus dem geselligen Umgang. Den Kindern ist keine Unmutsäußerung oder Wehleidigkeit gestattet. Auf diese Weise wird ein Klima heiterer Sorglosigkeit erzeugt, das seinerseits einen günstigen

Rahmen für Glückserfahrungen bereitstellt. Glück wird zur Stilfrage.

Jugendzeit – glückliche Zeit?

Wie stark Glücksvorstellungen von gesellschaftlicher Übereinkunft abhängen, zeigt die Diskussion darüber, ob der Mensch in der Jugend oder im Alter glücklicher sei. Man sollte denken, daß ein so tief in der menschlichen Natur verwurzelter Faktor wie das Lebensalter eine von gesellschaftlicher Prägung unbeeinflußbare Größe sei. Dem ist aber nicht so.

Heute möchte alle Welt jung sein. Der Philosoph Robert Spaemann zieht daraus den Schluß, unsere Gesellschaft halte wenig von ihrer Zukunft, im Unterschied zu Völkern, bei denen das Alter in hohem Ansehen steht: als Vergegenwärtigung einer stabilen Vergangenheit und als Garantie einer verläßlichen Zukunft. Spaemanns Urteil mag im Blick auf die Blütezeit des römischen Reiches und dessen Hochschätzung des Alters zutreffen, gilt aber wohl nicht allgemein. Germanische Stämme der Völkerwanderungszeit hatten viel Zukunft vor sich, maßen aber gleichwohl der Jugend besondere Bedeutung bei, weil diese Zukunft auf ihrer kämpferischen Kraft und ihrem Lebenswillen beruhte.

Man kennt die Argumente, die für ein naturwüchsiges Glück der Jugend ins Feld geführt werden: Gesundheit, Dynamik, Zeugungs- und Gebärfähigkeit, Kampfeswille, Ehrgeiz, Hoffnung. Dagegen auf der Seite des Alters: Gebrechlichkeit, Abgestumpftheit, Resignation, Todesfurcht. Aber die Glücksmöglichkeiten des Menschen haben sich von animalischen Kriterien teilweise so weit entfernt, daß gesellschaftliche Gegenrechnungen möglich sind. Statt Kampfeswillen, Ehrgeiz und Hoffnung sehen wir heute in großen Teilen der Jugend ein Syndrom von

Frustration, Lethargie und Zukunftsangst. Gründe dafür liegen in der wirtschaftlichen Situation, in ökologischen Bedrohungen, im raschen Wandel gesellschaftlicher Koordinaten und Werte, denen pädagogische Konzepte und Strategien so rasch nicht folgen können.

Umgekehrt haben technische Erfindungen und der Sozialstaat dafür gesorgt, daß das Alter viele seiner naturbedingten Belastungen verloren und Glückschancen gewonnen hat. Der Soziologe Hans Paul Bahrdt wendet sich gegen das Pauschalurteil, alten Leuten gehe es schlecht:

»Ich pflege Studenten, die sich für das ›Elend der alten Leute‹ zu interessieren begonnen haben, mit folgenden Feststellungen zu verwirren: Heute besitzt jeder alte Mensch, dem die Zähne ausfallen, eine Prothese. Die Krankenkasse bezahlt sie. Auch besitzt jeder eine Lesebrille. Auch diese wird von der Krankenkasse bezahlt. Wer ein hochelegantes Brillengestell haben will, muß freilich zuzahlen. Wer unter Altersschwerhörigkeit leidet, hat Anspruch auf ein modernes, unauffälliges Hörgerät. Für viele, freilich nicht für alle, bedeutet dies eine wirksame Hilfe. Die Studenten wundern sich, warum der Professor sich mit solchen Selbstverständlichkeiten aufhält. Ich erinnere dann daran, daß es erst seit kurzer Zeit überhaupt gute Zahnprothesen, Altersbrillen und Hörgeräte gibt und daß erst seit noch kürzerer Zeit der Sozialstaat diese Errungenschaften allen, auch den unteren Schichten, zugänglich macht. Danach muß ich erklären, daß es sich hier nicht nur um Annehmlichkeiten handelt, sondern daß diese Ergebnisse von Massenwohlstand und technologischer Entwicklung auch unter soziologischem Aspekt bedeutsam sind. Wer über eine gutsitzende Zahnprothese verfügt (vor wenigen Jahrzehnten hörte man oft: ›Bei dem klappert ja das Gebiß!‹), kann unauffällig an gemeinsamen Mahlzeiten teilnehmen, fast jedes Gericht mitessen und außerdem auch deutlich sprechen; sogar eine Rede kann er halten; ein nicht unwichtiges Handicap, das soziale Kontakte erschwerte und belastete, ist weggefallen. Die Altersbrille ermöglicht die Lektüre von Büchern und Zeitungen, also ungehinderte Teilnahme an der schriftlichen Kultur, außerdem Fernsehkonsum, der sich freilich bei alten Leuten nicht selten zur Sucht auswächst. Hörgeräte machen in vielen Fällen eine Teilnahme an Gesprächen, die sonst stark beeinträchtigt wäre, möglich. Der Schwerhörige und seine Umwelt leiden weniger, wenn ihm nicht jede Mitteilung ins Ohr gebrüllt werden muß. Er kann auch selbst seine eigene Lautstärke besser regulieren. Ohne Zweifel leiden alte Menschen oft unter dem Verkehr, unter dem Tempo, den Anforderungen zu schneller Reaktion und dem Lärm, den er verursacht. Aber auch wer sich nicht mehr selbst ans Steuer setzen kann, auf Taxis angewiesen ist oder darauf, daß ihn Kinder oder Freunde mitnehmen, verdankt der Vollmotorisierung einen größeren Aktionsradius, als man ihn noch vor 50 Jahren gehabt hat . . . Die Behauptung, die heutige Gesellschaft schiebe die alten Menschen in Altersheime ab, ist falsch. Abgesehen davon, daß manche Altenwohnstätten eine recht erfreuliche Existenz ermöglichen und daß viele Altenheimbewohner oft Besuch von ihren Verwandten erhalten: Es sind nur 4 bis 5 Prozent der über 65jährigen, die in Altenwohnstätten leben.«

Die gesellschaftliche Bedingtheit von Glückserfahrungen bindet auch das persönliche Glück stark an die Epoche, in der einer lebt. Zeiten raschen gesellschaftlichen Wandels wie die unsere erlauben eine hohe Pluralität von Glücksquellen. Trotzdem kann ein Mensch unmöglich alle Glücksformen in seiner Existenz gleichzeitig oder in seiner Lebenszeit nacheinander erfahren. Es gibt Glücksformen, die einander ausschließen und ihre Kraft gerade aus gegenseitiger Abstoßung gewinnen. Kulturrevolutionen, Jugendbewegungen und Generationenkonflikte leben von solcher aggressiven Neudefinition des Glücks. Das Thema solchen Wertewandels wird uns beschäftigen.

Verschiedene Glücksquellen

Glückserfahrungen bestehen häufig in einer Art gesellschaftlicher Arbeitsteilung nebeneinander. So bietet das klösterliche Leben in vielen Kulturen eine Glücksalternative, entweder für das ganze Leben oder in Gestalt eines buddhistischen Klosterjahres für alle jungen Männer, wie anderswo der Militärdienst. Heute stehen uns unterschiedlichste Glückserfahrungen gleichzeitig zur Auswahl. Das schönste literarische Beispiel für solche Pluralität von Glücksvorstellungen liefert Ernst Jünger in seinem Buch ›Heliopolis‹. Jünger gehört zu den seismographischen Geistern unseres Jahrhunderts und kennt jede Glücksperspektive, die es hervorgebracht hat. Er hat selber viele von ihnen ausprobiert und ihnen literarische Form gegeben. Zwei Weltkriege wirkten dabei als Zäsuren und gaben ihm Gelegenheit zur Überprüfung früherer Glückskonzepte. ›Heliopolis‹ erschien 1949 und enthält ein Gespräch über das Glück. Freunde sitzen beisammen, und nach dem Vorbild des platonischen ›Gastmahls‹ schlägt der Gastgeber als Gesprächsgegenstand das Glück vor. Jeder solle sagen, worin es für ihn besteht. Hier die Resultate:

»Wenn ich mich glücklicher Stunden entsinne, dann fallen mir die weißen Städte am Saum der Wüste ein, die Häfen jenseits der Hesperiden, in denen ich unter falschem Namen landete. Kein Wäschestück, kein Zettelchen läßt ahnen, wer ich bin. Die Spuren im Sande sind gelöscht. Sie schlossen sich wie die Furche des Schiffes, mit dem ich kam. Ich kenne nur den Namen eines Agenten und werde ihn am Abend in einer dunklen Gasse aufsuchen. Bis dahin ist der Tag auf eine neue und unbekannte Weise mir geschenkt. Die feinen Fäden, mit denen die Gewohnheit, der Alltag, die Pflicht uns binden, sind zerschnitten, und damit zieht Freiheit wie in den Träumen in mich ein. Ich werde einen Tag verbringen, der jenseits der Gesetze liegt, als ob ich den Ring besäße, der Unsichtbarkeit verleiht. Mir wird der einsame Jubel jenes Zwerges deutlich: der Jubel darüber, daß niemand meinen Namen kennt. Es mischt sich darin das Inkognito des Fürsten mit jenem des Verbrechers, der nicht minder absolut mit seinen Plänen beschäftigt ist. Gewaltig tritt die Versuchung an mich heran.«

Der nächste der Freunde leitet seine Glückstheorie mit einer generellen Behauptung ein: »Dem Glück wird immer die Erwartung, die Chance, der Hunger eingeschlossen sein.« Als Beispiel berichtet er von der ersten Begegnung mit einer Frau, die er, ohne sie näher zu kennen, um ein Rendezvous gebeten hatte. »Längst vor der angegebenen Stunde stand ich am Feuerturm. Ich war mir des Absurden der Lage wohl bewußt. Auch hatte ich meine Koffer schon gepackt. Dennoch belebte mich eine starke Spannung wie einen Jäger, der in Erwartung eines äußerst scheuen, ja wohl kaum wahrnehmbaren Wildes ist, und den der Augentrug bedroht. In dieser Unruhe flog auf mich zu, was man den Augenblick des Glückes nennt, berührte mich wie ein Geschoß. Ich sah, wie Coralina von der Brücke mir entgegenschritt, sie hatte mich bereits von fern erkannt. Die Mischung von Glück und Bangen, die mich ergriff, war wie ein Wirbel, der die Wirklichkeit zugleich verschärfte und zu zerstören drohte; sie zeigte, daß ich sowohl Wild wie Jäger war . . . Das war der Augenblick, in dem sie mir am mächtigsten begegnete, obwohl wir uns lange und glücklich liebten, und obwohl sie noch jetzt in meinem Herzen lebt. Ich meine den Augenblick, in dem noch alles Imagination, noch Überwirklichkeit an der Geliebten ist, und doch schon die Ahnung, ja die Gewißheit des Besitzes uns durchdringt.«

Die nächste Vorstellung des Glückes unterscheidet sich deutlich von diesen beiden, denen Spannung und Leidenschaft zugrunde liegt. Der Erzähler setzt sich ausdrücklich gegen die beiden Vorredner ab:

»Der Feind des Hungers ist die Sattheit, wie die Erfüllung der Tod der Sehnsucht ist. Aus diesem Grunde sind sich die Weisen aller Länder und aller Zeiten darüber einig, daß das Glück nicht durch das Tor der Wünsche zu gewinnen ist, und nicht im Strom der Welt. Daraus folgt nun, daß wer des Glückes teilhaftig werden will, zunächst das Tor der Wünsche schließen muß. Hierin sind alle Vorschriften konform wie Varianten eines offenbarten Textes – die heiligen Bücher, die Regeln der alten Weisen des Ostens und des Westens, die Lehren der Stoa und der Buddhisten, die Schriften der Mönche und Mystiker ... Man trifft die Glücklichen selten – sie machen kein Aufheben von sich. Doch leben sie noch unter uns in ihren Zellen, vertieft in die Erkenntnis, die Anschauung, die Andacht – in Wüsten, in Einsiedeleien unter dem hohen Dach der Welt. Vielleicht liegt es an ihnen, daß die Wärme, die höhere Kraft des Lebens uns noch vermittelt wird.«

Schließlich gibt der Gastgeber seine eigene Deutung: »Glück ist die Harmonie, in der wir zu den Dingen, die uns umgeben, stehen. Je weniger und schlichter diese Dinge, desto reiner und müheloser der Akkord. So kommt es, daß einfache Menschen leichter auch glücklich sind. Ein Stückchen Garten mit Blumen und Früchten, ein Tisch mit einem guten Gaste und einer Flasche

Wein, die stille Lampe, die ein Buch und Teegeschirr beleuchtet – das sind Kompositionen, die beglücken, wenn innere Harmonie sich ihnen zugesellt.«

Diese Diskussion über das Glück zeigt zweierlei: Einmal gibt es unterschiedliche und einander teilweise ausschließende Quellen dafür. Zum anderen trägt jeder Teilnehmer seine Glücksvorstellung in dem Bewußtsein vor, sie sei eben doch nur seine subjektive Ansicht der Sache. Das ist nicht selbstverständlich, war nicht einmal immer erlaubt. Nur in Epochen gesellschaftlichen Wandels und unter den Bedingungen einer gewissen pluralen Wahlmöglichkeit sind Gespräche über das Glück möglich. Das galt für das republikanische Athen, das gilt für die moderne pluralistische Demokratie. Wir können zwischen verschiedenen Existenzweisen wählen oder zumindest über die in ihr enthaltenen Glücksmöglichkeiten diskutieren.

Macht Denken unglücklich?

Solche Diskussionen begegnen einem Einwand, der so alt ist wie alles Nachdenken über das Glück: Wer über das Glück reflektiert, begebe sich damit der Möglichkeit, es zu erfahren. Seit Jahrtausenden haben die Philosophen nicht nur Glücksformen bedacht, sondern zugleich immer dieses Argument geprüft: ob das Nachdenken über das Glück diesem schädlich sei oder es gar völlig vertreibe. Zunächst die These der Unvereinbarkeit von Reflexion und Glück, sie ist einfach: Nachdenken über das Glück vernichtet es. Glücklich sind nur diejenigen, die um die Bedingungen ihres Glücks gerade nicht wissen. Für das Glück gilt, was generelle Bedeutung hat: Der Mensch macht sich vornehmlich über Dinge Gedanken, die ihm fehlen.

Die Gegenthese ist verwickelter: Nur wer die Bedingungen des Glücks kennt, kann es nicht verfehlen. Wer von den Verhältnissen des Menschen nichts weiß, wird sich in seinem Leben falsch einrichten. Der Ungebildete hält sich an die Umstände, in die er zufällig geraten ist. Glück aber gelingt nur als Resultat von Planung und Entscheidung.

Wer so argumentiert, dem gerät das Nachdenken über menschliches Glück zur Philosophie überhaupt. Die antiken Philosophen haben ihr Nachdenken über den Menschen so verstanden: als eine Theorie, das Leben glücklich zu machen. Junge Leute der gebildeten Schichten lernten deshalb nicht nur praktische Fertigkeiten, sondern auch die ›Humaniora‹, das heißt die Rahmenbedingungen ihrer Existenz. Wer das Glück seines Lebens nicht verfehlen wollte, mußte nach den Koordinaten menschlicher Existenz fragen können: Von welcher Art ist der Kosmos und die Stellung des Menschen in ihm? Auf welchen Bedingungen beruht eine glückliche Gesellschaft? Welche Rangordnung der Werte gilt unter verschiedenen sozialen Bedingungen? Um welcher Güter willen lohnt das Leben? Wie erzieht man Kinder, damit sie ihrerseits wieder gute Bürger und gute Eltern werden?

Wer hat recht? Zunächst ist zuzugeben, daß jede Reflexion Realitätsverlust voraussetzt und zur Folge hat: Distanz zur unmittelbaren Erfahrung. Es gibt daher Formen des Glücks, die erst nach Auslöschung der Reflexion wirksam werden: Ekstase, Rausch, Meditation, große körperliche Anstrengung. Das zweite Argument zugunsten reflexionslosen Glückes ist kulturhistorischer Art. Es behauptet, Gesellschaften ohne Glücksalternativen seien glücklicher als plurale Kulturen, mit der Möglichkeit, unter mehreren Glücksformen zu wählen.

Wer recht hat, ist deshalb schwer zu sagen, weil derjenige, der das Urteil fällt, bereits auf die Seite der Reflexion gehört. Trotzdem hält der Streit bis heute an. Hier drei klassische Urteile. Seneca schrieb: »Derjenige ist nicht glücklich, der sich nicht für glücklich hält.« Shakespeare dagegen: »Ich wäre nicht sehr glücklich, wenn ich sagen könnte, wie sehr ich es bin.« Aber wenn man Shakespeares Werk ansieht, wird man unsicher, ob er nicht doch der entschiedenen Meinung J. St. Mills zugestimmt hätte: »Lieber ein unglücklicher Sokrates sein als ein zufriedener Dummkopf.«

Mag sein, daß man das Glück durch Philosophieren nicht leichter erreicht. Aber die Frage ist für denjenigen müßig, der wie wir (und Shakespeare) in einer Zeit lebt, die nicht nur eine Philosophie, sondern auch eine Soziologie, Psychologie und Soziobiologie des Glückes kennt. Auch wer sich für eine gänzlich untheoretische, ja geistfeindliche Existenz des bloßen Sinnengenusses, des riskanten Abenteuers, des Kriegserlebnisses entscheidet, tut dies im Angesichte anderer Glückserfahrungen, von denen er weiß und die er ablehnt. Die vorgängige Beschäftigung mit anderen Glücksauffassungen ist nicht mehr rückgängig zu machen. Sie wird alle künftigen Erfahrungen begleiten, und seien sie noch so irrational angesetzt.

Aber die Frage nach dem Glück wird in Zeiten wie den unseren nicht einfacher, sondern schwieriger. Allein die Klärung der Frage, was die ›wahren Bedürfnisse‹ des Menschen sind, führt in ungeheure Verwicklungen. Das Thema reicht von den griechischen Sophisten bis zu den Marxisten von damals und heute. Jeder Sozialpolitiker sieht sich mit ihr konfrontiert. *Eine* Lösung scheint jedenfalls zu einfach: unterschiedslos alle Bedürfnisse, die auftauchen, für berechtigt zu halten, nur weil sie geäußert werden. Es muß Maßstäbe geben, die das Subjektive und Kurzfristige vom Allgemeinen und Dauernden zu unterscheiden erlauben. Wer sechzig Zigaretten am Tag raucht und dazu zwölf Flaschen Bier trinkt, stillt zwar sein offenbares Bedürfnis nach beidem, handelt sich aber gleichzeitig Raucherbein, Krebs und Herzinfarkt ein. Er verstopft mit der Zerstörung seiner Gesundheit eine wichtige Quelle anderer Glückserfahrungen, außer Rauchen und Trinken. Außerdem schädigt er die Gesellschaft, der er durch Krankheit zur Last fällt.

Die Frage nach dem Glück endet, wie man es auch anstellt, rasch in höchsten philosophischen, soziologischen und staatspolitischen Überlegungen. Jeder Politiker, der über ein Budget entscheidet, definiert damit den Rang von Glücksgütern in seiner Gesellschaft.

Die Glücksangebote unserer Epoche sind buchstäblich unerschöpflich. Der Grund dafür liegt in einer bisher nicht erfahrenen Gegenwärtigkeit aller Kulturkreise. Von der japanischen Teezeremonie und indischer Meditation bis zu indianischen Pfeifen-Riten haben wir die große Auswahl. Jedenfalls meinen das viele, die über der Reichhaltigkeit des Angebots vergessen, daß man nicht alles mit allem kombinieren kann und jede Person durch ihre Formation und Präformation nur für bestimmte Glücksquellen offen ist.

Glücksquellen zu erschließen, dafür gibt es heute eine Flut von schriftlichen und mündlichen Ratgebern. Sie sind meist psychologisch orientiert und suchen das Glück in den Tiefen der Seele. »Lesen Sie das erste Kapitel vor dem Mittagessen – und schon vor dem Abendessen wird sich die erste Verbesserung Ihres Lebens eingestellt haben.« Das verspricht die Einleitung eines 1975 erschienenen Buches über ›Geistige Isometrik. Der Weg zu Glück, Reichtum, Gesundheit, Erfüllung‹. Weitere Titel: ›Mach ein Fest aus Deinem Leben‹ (1984), ›Gib dem Glück eine Chance‹ (1980), ›Lebe jetzt! Das Glück der Lebensbejahung‹ (1985), ›Jeder Tag ein froher Tag. Übungen zur

Lebensfreude‹ (1984), ›Lebensfreude ist lernbar. Der Weg zum Glück‹ (1984).

Es gibt auch Philosophen, die ihre Dienste anbieten. 1981 gründete Gerd B. Achenbach in Bergisch Gladbach das ›Institut für philosophische Praxis und Beratung‹. Auf die Frage, wer zu ihm komme, antwortete er: »Es kommen Leute aus den sogenannten besseren Kreisen, Manager etwa, die nicht in eine Therapie möchten, weil sie nicht in die Rolle des Patienten schlüpfen, sondern frei sprechen, sich austauschen wollen.« Genauso haben schon im alten Griechenland die Sophisten Geld verdient. Wie Achenbach (heute für 120 Mark in der Stunde) halfen sie Menschen, die Koordinaten ihres Lebens zu überdenken und praktische Konsequenzen daraus zu ziehen.

Kann man Glück messen?

Heute befassen sich auch die Sozialwissenschaften mit dem Glück. Man will die Zusammenhänge zwischen objektiven Lebensbedingungen und subjektivem Glücksempfinden von Menschen aufdecken. Auf welche Weise beeinflußt Politik die Zufriedenheit eines Volkes? Hat der moderne Sozialstaat das Glück seiner Bürger vermehrt? Oder schafft staatliche Wohlfahrt gar unzufriedene Bürger?

Seit den sechziger Jahren werden solche Aspekte im Rahmen der sozialwissenschaftlichen Glücksforschung in den USA diskutiert. In der Bundesrepublik Deutschland sind es neben der Meinungsforscherin Elisabeth Noelle-Neumann vor allem Sozialwissenschaftler der Universitäten Mannheim und Frankfurt, die das ›Glück‹ beziehungsweise das ›Wohlbefinden‹ von Menschen erforschen.

Ausdrücklich von ›Glücks‹forschung spricht die Direktorin des Allensbacher Instituts für Demoskopie, Elisabeth Noelle-Neumann, die amerikanische Forschungsansätze in Deutschland weiter verfolgt. Gerade *nicht* wohlfahrtsstaatliche Fürsorge (›Überbetreuung‹), sondern Eigenverantwortlichkeit des Bürgers garantiert ihrer Ansicht nach Glück. Ein in Allensbach eigens für die Glücksforschung entwickelter Test zeige klar, daß Menschen, die z. B. in ihrem Beruf über große Entscheidungsspielräume verfügen, glücklicher wirken als solche, die am Arbeitsplatz fremdbestimmt seien: Sie sähen »insgesamt fröhlicher aus«, ihre Mundwinkel zeigten nach oben, ihre Augen seien offen und groß, ihr Blick sei frei, die Haltung gelöst, die Bewegungen lebhaft; schon morgens beim Aufstehen fühlten sie sich stets frisch und munter, nie »ziemlich müde und unlustig«.

Elisabeth Noelle-Neumann überträgt ihre Beobachtungen aus dem beruflichen Sektor auf das politische Feld: Auch staatliche Fürsorge, die individuelle Freiräume einschränkt, führe zu Unlustempfindungen bei den betroffenen Bürgern. Deshalb solle man allen Regelungen, die dem Bürger Entscheidungsspielraum einräumen, vor rigiden Verboten und Geboten stets den Vorzug geben: »In diesem Sinn wären etwa Regelungen, die das Anlegen von Sicherheitsgurten im Auto dem einzelnen empfehlen, aber nicht vorschreiben . . ., diejenigen, die im Saldo mehr beitragen zur Lebensqualität der Bürger.« Die Pflicht des Staates liege also gerade in seiner Selbstbeschränkung: »Wie sollte sich ein Staat rechtfertigen, dessen Bürger unfroh wirken? Er hat sie bestohlen um ihre Selbständigkeit, die die Kräfte weckt, die er von ihnen braucht.«

Die Frankfurter und Mannheimer Forscher sprechen seltener von ›Glück‹; sie verwenden vor allem weniger affektiv aufgeladene Begriffe wie ›Lebensqualität‹, ›Zufriedenheit‹ oder ›subjektives Wohlbefinden‹. (Diese und andere Begriffe werden im Rahmen der sozialwissenschaftlich orientierten Glücksforschung bisher wenig einheitlich verwendet.) ›Lebensqualität‹ liefert vielen Sozialforschern heute einen wichtigen Maßstab für die Bewertung sozialen Fortschritts.

Im Sonderforschungsbereich ›Mikroanalytische Grundlagen der Gesellschaftspolitik‹ (Frankfurt-Mannheim) werden die *objektiven Lebensbedingungen* der Westdeutschen (Einkommen, Beruf, Wohnstandard, Bildungsniveau, Gesundheitszustand etc.) ebenso untersucht wie die *subjektive Einschätzung* ihrer Lebensverhältnisse: »Wie zufrieden sind die Bundesbürger mit ihren Lebensumständen? Wie bewerten sie ihr Einkommen, ihre Wohnverhältnisse, ihre Berufstätigkeit? Welche Gruppen sind privilegiert, welche sind benachteiligt? Wie unterscheiden sich die Gastarbeiter von den Deutschen? Warum sind Privilegierte unzufrieden und Benachteiligte zufrieden?« – Dies sind die Fragen, welche die Forscher im Vorwort ihrer Studie voranstellen und die sie aufgrund zahlreicher Repräsentativbefragungen beantworten wollen (die Studie erschien 1984, herausgegeben von Wolfgang Glatzer und Wolfgang Zapf, unter dem Titel ›Lebensqualität in der Bundesrepublik‹).

Wie aber soll man ›Zufriedenheit‹ und ›Wohlbefinden‹ empirischer Forschung zugänglich machen, wie soll man ›Glückswerte‹ messen, wenn schon die Begriffe von jedem Befragten ganz verschieden aufgefaßt werden können? Fast jeder hat seine eigene Vorstellung von Wohlbefinden und Glück. Zu der begrifflichen kommt eine weitere Schwierigkeit: Kann man erwarten, daß unglückliche Menschen ihr Unglück dem Forscher gestehen? Gibt es nicht eine Tendenz unter Menschen, Unglück für sich zu behalten und zu verschweigen? Tatsächlich bezeichnet sich nur eine hauchdünne Minderheit als ›sehr unglücklich‹; die überwältigende Mehrheit nennt sich ›ziemlich oder sehr glücklich‹. Auf einer Skala von Null (›ganz und gar unzufrieden‹) bis 10 (›ganz und gar zufrieden‹) stuft sich die westdeutsche Bevölkerung durchschnittlich bei dem hohen Wert 7,7 ein: Danach müßten wir ein Volk von glücklichen Menschen sein.

Allerdings streuen die Werte bei detaillierter Betrachtung zwischen weniger als 5 und mehr als 9 ganz erheblich. Wenngleich sich niemand als ›sehr unglücklich‹ offenbart, zeigt sich, daß einzelne Menschen und ganze Gruppen ihre Lebensumstände weit ungünstiger einschätzen als der Durchschnitt. – Aber ist die eigene Einschätzung für die Messung des Glücks überhaupt ein geeigneter Faktor?

Um einer rein subjektiven Einschätzung zu entgehen, hat man im Allensbacher Institut einen ›Ausdruckstest‹ entwickelt, der die Interviews um eine neue Glücksforschungsmethode ergänzt. Der Forscher macht sich während des Interviews Notizen über Haltung, Gestik und Mimik seines Gegenübers und schließt aus solchen Beobachtungen auf dessen heitere oder düstere Grundstimmung. Natürlich beruht auch diese Methode auf subjektiver Einschätzung: diesmal des Forschers.

Ungeachtet unterschiedlichster Forschungszugänge (ein amerikanisches Buch nennt etwa fünfzig mögliche Glücksforschungskonzepte) und fast unlösbarer Probleme theoretischer und methodischer Art haben verschiedene Studien erste gemeinsame Ergebnisse gezeigt:

– Wohlstand garantiert noch kein Glück, kann aber Zufriedenheit schaffen: Reiche sind im Durchschnitt zufriedener als Arme, Oberschichten und Mittelschichten zufriedener als Unterschichten, gut Ausgebildete zufriedener als schlecht Ausgebildete.

– Zufriedenheit ist weitgehend eine Sache des sozialen Vergleichens: Wer mehr als andere besitzt, ist zufrieden.

- Trotz der großen Bedeutung des sozialen Vergleichens läßt sich ein direkter Zusammenhang zwischen objektiven Lebensbedingungen und subjektivem Wohlbefinden von Menschen feststellen. Wer in guten Verhältnissen lebt, ist eher zufrieden als jemand in schlechter ökonomischer Lage.
- *Individuelle* Verbesserungen des Lebensstandards führen zu höheren Zufriedenheitsraten, weniger die Verbesserung des *kollektiven* Lebensstandards einer Gesellschaft.
- Ansprüche, die nicht erfüllt werden, schaffen Unzufriedenheit.
- Fast niemand ist über einen längeren Zeitraum hinweg ›vollkommen unglücklich‹. Der Mensch scheint sich mit seinen Verhältnissen arrangieren zu wollen, zu müssen und zu können.
- Zufriedenheit und Unzufriedenheit können ›kulturell gelernt‹ werden und sind dann von eigenen Erfahrungen weitgehend unabhängig.
- In Zeiten gesellschaftlichen Wandels und wirtschaftlicher wie politischer Unsicherheit steigt der Unzufriedenheitsgrad einer Gesellschaft.

Für die Bundesrepublik Deutschland gilt ferner:
- Die Zufriedenheit im privaten Bereich (Familie, Ehe, Haushalt) ist durchgängig größer als in öffentlichen Bereichen, für die der Staat zuständig ist (Innere Sicherheit, Frieden, soziales Netz, Umweltschutz etc.).
- Ältere Westdeutsche sind zufriedener als jüngere.
- Männer sind zufriedener als Frauen.
- Die Westdeutschen liefern einerseits hohe Zufriedenheitswerte; andererseits sind Ängste und Sorgen, auch ein Gefühl der Sinnlosigkeit weit verbreitet.

Durch die sozialwissenschaftliche Glücksforschung wissen wir immer besser, wie es um die Glücksbedingungen der Menschen steht. Das gilt für die persönlichen Quellen ebenso wie für die von der Politik abhängigen. Was uns empirische Forschungen nicht beantworten können, ist die Frage, wie wir als Menschen und als Gesellschaft leben sollen. Dazu bedarf es weiterhin der Philosophie. Unsere Anmerkungen zum Glück werden solche Sinnfragen deshalb nicht ausklammern, sondern ausdrücklich thematisieren. Andererseits ist es nützlich und nicht nur für Politiker interessant, die erkundbaren Gefühle und Meinungen der Bevölkerung in Glücksfragen zu kennen. Eine Philosophie, welche die Realitäten menschlichen Lebens nicht kennt, hat nie etwas getaugt.

In dem Maße, in dem uns inzwischen auch die gesellschaftliche Wirklichkeit zunehmend durch Wissenschaft vermittelt wird, ist die Philosophie gehalten, in einen Dialog mit sozialwissenschaftlichen Disziplinen einzutreten. ›Lebensfragen‹ sind im Zeitalter wissenschaftlicher Weltbilder nicht allein im Rückgriff auf Alltagserfahrungen zu behandeln. Diese Einsicht betrifft besonders das Thema Glück: Es ist komplizierter, als man meint.

Der Mensch: das glücksuchende Tier

Welche Wissenschaft weiß am meisten über das Glück? Philosophie, Theologie, Psychologie, Soziologie, Ökonomie, Medizin? Alle haben es behauptet, und für jede gab es ihre große Stunde: Man lauschte ihrer Botschaft, verschlang ihre Bücher in der Hoffnung, das Glück zu finden.

Seit einigen Jahrzehnten meinen die Biologen, den passenden Schlüssel für die Tore des Glücks zu besitzen. Wer die stammesgeschichtlichen Verbindungen zu unserer tierischen Herkunft aufdecken könne, sei der zuverlässigste Führer auf dem Weg zum Glück. Alle anderen Wissenschaften müßten dann abdanken oder sich als Teilgebiete der Biologie etablieren. Das prophezeit der Verhaltensforscher R. Trivers unseren Psychologen, Soziologen und Politologen. Der Harvard-Soziobiologe Edward O. Wilson sagt unmißverständlich: »Die Zeit ist gekommen, da wir die Ethik den Philosophen aus den Händen nehmen und den Biologen übertragen.« Die Grundannahmen der Verhaltensforschung (Ethologie) folgen Darwins Haupttheoremen: Lebenstüchtigkeit ist das Resultat von Anpassung, und Selektion sorgt dafür, daß nur Eigenschaften, die sich im Lebenskampf bewähren, in der Generationenfolge erhalten werden. Kriterium für Lebenstüchtigkeit aber ist die Erhaltung der Art. Auch der Mensch, so die These der Soziobiologie, unterliegt diesen Gesetzen von Anpassung, Selektion und Evolution. Die Frage ist aber, ob dieses stammesgeschichtliche Prinzip auch noch in die Phase seiner kulturellen Entwicklung, also dessen, was wir Geschichte nennen, hineinreicht. Biologie gegen Kultur, Natur gegen Geschichte, das ist der Frontverlauf zwischen erbitterten Gegnern.

Kein vernünftiger Mensch wird leugnen wollen, daß eine Besinnung auf unsere biologische Herkunft sinnvoll und für das Thema Glück von großer Bedeutung ist. Man muß sich dazu nur einmal vor Augen führen, wie klein der Bruchteil menschlicher Kulturgeschichte im Vergleich zur Naturgeschichte des Homo sapiens ist. Dieter E. Zimmer hat das in seinem Buch ›Unsere erste Natur‹ (1979) getan, indem er den Mythos von der Schöpfungswoche als Zeiteinteilung für eine Geschichte menschlicher Evolution benutzte: In der ersten Nacht zum Montag um Null Uhr entstanden die Himmel, und am Freitag darauf, gegen Abend, entstand die Erde, und die war wüst und leer. Erst am Sonntag darauf bildete sich die Ozonschicht um die Erde und schützte sie vor den Sonnenstrahlen. Am Sonntag abend krochen die ersten Fische ans Land und lebten als Kriechtiere. Um Viertel vor zehn entstanden die ersten Säugetiere. Zweiundzwanzig Minuten vor Mitternacht taucht der Menschenaffe auf. Knapp fünf Minuten vor Mitternacht waren die Menschenaffen gezwungen, in die offene Savanne zu gehen. Eine Minute vor Mitternacht wurde aus dem Menschenaffen der Frühmensch, und in der letzten Minute entwickelte er sich zu seiner heutigen Erscheinungsform. Zimmer wörtlich:

»Und es begann ihm seine Großhirnrinde zu wachsen, und als ihr Wachstum zwanzig Sekunden vor Mitternacht beendet war, fand er sich als das erfinderischste und einsichtigste Tier auf dem Erdboden wieder. Er aber fuhr fort, die Früchte des Feldes zu sammeln und die Beutetiere zu erlegen, die seine immer tödlicheren Waffen erreichten. Und als weniger als eine halbe Sekunde vor Mitternacht das große Wild verschwand, mußte er darauf sinnen, im Schweiß seines Angesichts Pflanzen zu ziehen und Tiere an seinem Wohnplatz als Gefährten und Nahrung zu halten. Und das gelang ihm so wohl, daß er begann, sich wunderbar zu vermehren, und er bedrängte sich selbst auch immer mehr und wurde sich selber zum größten Rätsel und Anlaß ständiger Sorge. Die Sehnsucht nach einem leichteren Leben ließ ihn auf Erfindungen verfallen, die ihm das Leben immer lästiger machten. Und jetzt, um Mitternacht, hat er Mühe, sich zu erinnern, was seine Vorfahren in den letzten zwei Fünfundzwanzigsteln der letzten Sekunde, die er Geschichte nennt, eigentlich umgetrieben hat. Und sein eigenes Leben, wenn es hoch kommt, währt drei Millisekunden.«

Wer über das Glück des Menschen nachdenkt, darf seine Zugehörigkeit zum Tierreich, zum Stamm der Säugetiere und Primaten nicht übersehen. Allerdings bringt auch der entschiedenste Wille, menschliche Existenz aus ihrer naturhaften Herkunft zu deuten und Glücksüberlegungen einzig an diesen rückwärtigen Bindungen zu orientieren, zunächst wenig mehr als einen Haufen Fragen:

Kann man Geschichte und Kultur einfach als Fortsetzung naturhafter Entwicklung verstehen? Wie verhält sich das Selektionsresultat ›Überleben‹ zu Kulturzielen, die innerhalb der Geschichte der Menschheit entwickelt wurden? Gibt es biologische Prädispositionen für Kulturentwicklungen? Wie steht es mit erkennbar ›unnatürlichen‹ Werten und Verhaltensweisen, denen ein hoher kultureller Rang zugewiesen wurde? Hat Wilson recht, wenn er behauptet: »Jenseits unseres biologischen Erbes bleibt uns kein Ziel«?

Von der Beantwortung dieser Fragen hängt viel für das Thema Glück ab. Die starre Anbindung alles menschlichen Verhaltens an seine biologische Stammesabkunft ist ebenso kurzsichtig wie der Versuch einer völligen Abkoppelung: als wäre der Mensch aller seiner rückwärtigen Verbindungen ledig. Der Dualismus zwischen Geist und Natur wird nicht mehr lange glaubhaft sein, und der Soziobiologie gebührt Respekt für ihren Anteil an dieser Entwicklung. Die Glückserfahrungen des Menschen sind von denen des Tieres nicht in der Weise zu trennen, daß man sie als ›höhere‹ von ›niederen‹ abgrenzt.

Die folgenden Beispiele aus den Bereichen *Körperlichkeit, Sexualität* und *Sozialität* zeigen die großen Schwierigkeiten, menschliches Leben ausschließlich unter dem Kriterium biologischer Adaption zu verstehen. Zu vieles ist ›dysfunktional‹ oder müßte auf verschlungensten Argumentationswegen in einen naturhaften Zusammenhang zurückgeführt werden. Die große Variationsbreite menschlicher Existenz verdankt sich der enormen Lernfähigkeit des Menschen. Nun ist diese gewiß eine Mitgift seiner Stammesgeschichte. Aber diese Einsicht ist nicht viel wert, solange unentschieden bleibt, ob die Kulturentwicklung des Menschen wie seine Naturgeschichte unter dem Kriterium evolutionärer Zweckmäßigkeit betrachtet werden kann oder nicht. Ein eindeutiges und die gesamte Geschichte des Homo sapiens umfassendes Urteil wäre schon deshalb voreilig, weil es die jüngste Stufe der Entwicklung nicht berücksichtigt: die Phase, in welcher der Mensch sich zum Herrn über alle anderen Lebewesen macht, sich seine eigene Umwelt schafft. Dabei zeigt sich, daß viele Verhaltensweisen, die ihm seine Stammesgeschichte nahelegt, unter modernen Kulturbedingungen tödlich sind.

Trotzdem gibt es nach wie vor Glückserfahrungen, deren naturhaft-stammesgeschichtliche Quelle unzweifelhaft ist. Sie werden zum Teil in durchaus animalischer Weise genossen, können aber auch kulturell anverwandelt werden oder in Spannung zu Glücksformen treten, die erst in der geschichtlichen Epoche des Menschen entdeckt wurden.

1. Körperlichkeit. Zusammen mit den Grundbedürfnissen des Tierstammes, dem wir angehören, teilen wir auch die Glückserfahrungen, die hier warten: Stillung von Hunger und Durst, Wärme, Ruhe, Körperkontakt, geschlechtliche Aktivität. Immer wieder werden diese ›einfachen Freuden‹ beschrieben. Häufig liefert vorgängige Entbehrung gesteigertes Glück: die Quelle nach stundenlangem Durst, der warme Ofen nach Kälte und Nässe, die Ruhe nach der Anstrengung. Solche Glückserfahrungen machen alle. Alt und jung freuten sich an der Sonne, jeder kennt Momente animalischen Behagens, und die Rede vom satten Säugling dient jeder Lebensphase als Metapher solchen Körperglückes. Körperkontakt, vom Kleinkind gesucht und gebraucht, wird lebenslang als tröstlich und beglückend empfunden. Mit den Primaten teilen wir die Umarmung als Begrüßungsgeste ebenso wie viele Zärtlichkeitsformen. Und Zuckerwerk empfinden wir als ›süß‹, d. h. angenehm, weil unsere tierischen Vorfahren sich gern von reifen Früchten ernährten.

Gründe genug, uns unserer stammesgeschichtlichen Herkunft im Interesse von Glücksquellen zu versichern, die in weiten Teilen der Erde als die wichtigsten gelten: weil sie, obgleich von der Natur geboten und angeboten, nicht für selbstverständlich gelten. Unsere verwöhnte Spätkultur mit klimatisierten Räumen, Schlankheitsdiät und Süßigkeiten an jeder Ecke bedarf künstlicher Knappheitsstrategien, anstrengender Wanderungen und harter Segeltörns, um solche elementaren Glücksquellen neu zu erschließen. Dabei zeigt sich, daß der Körper auch als Aktivitätszentrum Glückserfahrungen bereithält. Bewegung und Anspannung sind für Tier und Mensch Quellen des Glücks. Davon wissen Schwimmer, Bergsteiger und Jogger.

Nicht nur mit den Säugetieren, sondern mit einer Fülle anderer Tierstämme teilt der Mensch die Fähigkeit, seinen Körper einzusetzen, um ›sich selbst‹ darzustellen. Gleichzeitig lehren Psychologie und Soziologie, daß er nicht nur Körper *ist*, sondern ihn auch *hat*: Als ›nackter Affe‹ bedient er sich der Kleidung als Erweiterung seiner Körperlichkeit. Hier warteten stets große Glückserfahrungen, und ein Blick auf die Geschichte der Mode zeigt, daß dies nicht nur für Frauen gilt.

Der Mensch kann die genetisch in ihm angelegten Ausdrucksmöglichkeiten durch Kleidung verstärken: Männer wattieren ihre Schultern, Frauen ihren Po. Er hat aber auch stets seinen Körper in Richtung eines von der Natur abweichenden Schönheitsideals verändert. Das gilt besonders für den Kopf, der den ästhetischen Ansprüchen des Menschen offenbar nie genügte. Stets hat man ihn verlängert oder jedenfalls so verändert, daß er seine runde Form verlor und in eine bessere Proportion zum Körper geriet: durch Bandagieren des kindlichen Kopfes, durch eine unerschöpfliche Form von Hüten und Haartrachten, durch künstliche Verlängerung des Kinns, auch der Ohren.

Der Mensch ist als Kulturwesen offenbar zu einer Interpretation seiner Körperlichkeit nicht nur fähig, sondern gezwungen. Keine Kultur hat den menschlichen Körper genommen, wie er ist, sondern jede hat ihn auf ein Ideal hin verändert. Da werden Füße verkleinert, Augenbrauen gezupft, Tätowierungen angebracht. Der Verwandlungswille ist unbezähmbar, das Glück solcher Herrichtungen unerschöpflich, und die Behauptung der Frauen, sie machten sich nur ›für sich selbst‹ schön, absolut glaubhaft. Heute verkauft die Industrie eine ›rundum gestylte‹ Person. In den USA machen gegenwärtig dreihundert Firmen mit solchem Imagegeschäft einen Jahresumsatz von 200 Millionen Dollar. Die Stunde Beratung kostet bis zu 200 Dollar. Kleidung, Haarstil, selbst Gesichtsausdruck und Körperhaltung, dazu die Sprechweise, werden vom Imageberater dem Idealbild des erfolgreichen Amerikaners angepaßt.

Die Distanz zum eigenen Körper kann beim Menschen so weit gehen, daß man Schwierigkeiten hat, für diesen Umgang mit seiner Körperlichkeit noch irgendwelche biosozialen Gründe zu vermuten. Man weiß, daß sich manche Füchse das eigene Bein durchbeißen, um sich aus der Falle zu befreien. Aber von willentlicher Askese, von Hungerstreik, Kastration oder Freitod ist im Tierreich nichts bekannt. Nur der Mensch kann seinen Körper in den Dienst von Werten und Zielen stellen, denen er einen höheren Rang beimißt als körperlicher Integrität und Gesundheit. Glücksquellen, die in der Askese als Ausdruck einer gottwohlgefälligen Moral, im Hungerstreik um der Gerechtigkeit willen, in der Kastration zur Tilgung des Geschlechtstriebes oder um des Schmelzes eines nie gehörten männlichen Soprans willen gesucht werden: Das ist nur dem Menschen möglich. Solch ›perverser‹ Umgang mit seinem Körper läßt sich nur unter der Voraussetzung verstehen, daß der Mensch mit einer derart willentlichen Verneinung seiner Natur ›höhere‹ Glücksgüter anstrebt.

2. *Sexualität*. Der Geschlechtstrieb hat stets als besonders tiernah gegolten. Entsprechend ambivalent wurden seine Glücksquellen bewertet. Kennen die einen kein größeres Glück als die Geschlechtslust, so meinen andere, man müsse zum Schutz von Geist, Seele und Moral und damit um höherer Glücksquellen willen besonders hohe Zäune gegen sie aufrichten. Die Ambivalenz liegt in der Natur der Sache und ist durchaus menschlich: Da Sexualität beim Menschen nicht wie beim Tier periodisch auftritt, sondern stets präsent ist, ist die ständige Versuchung durch die ›böse Lust‹ gerade nicht tierisch!

Den evolutionären Sinn dieser sexuellen Dauerreizung sehen Soziobiologen in der Bindung des Jägers an sein heimatliches Lager. Sexuelle Lust trieb ihn zu seiner Frau und belohnte ihn für die Sorge um seine Kinder. Auf das Beieinanderbleiben der Familie hat somit die Natur die Prämie dauernder Lust gesetzt. Das gilt nicht nur für den Mann, sondern – selten in der Natur – auch für die Frau. Wie jung dieser evolutionäre Kunstgriff der Natur ist, will man darin sehen, daß der weibliche Orgasmus nicht mit der selben Sicherheit eintritt wie der männliche, auf dessen Zuverlässigkeit die Existenz des gesamten Tierstammes beruht.

Es gibt guten Sinn, aus der Hypersexualität des Menschen auf ihre zentrale Bedeutung für sein gesamtes Leben zu schließen. Schopenhauer galt Sexualität schlichtweg als der Wille zum Leben. »Die Genitalien sind die Wurzeln«, schrieb er und argumentierte ganz im Sinn der Soziobiologie, wenn er in der Sexualität das Gegengewicht zum Tode vermutete, sogar in dem erweiterten Sinne eines ›Gen-Egoismus‹: »Der Wille zum Leben äußert sich zwar zunächst als Streben zur Erhaltung des Individuums; jedoch ist dies nur die Stufe zum Streben nach Erhaltung der Gattung . . .«

Freud sah in der Sexuallust den Hauptmotor des gesamten menschlichen Lebens und in der Sexualität den von der Natur gesetzten Sinn menschlicher Existenz. Als Quelle von Glück ließ er sie aber nicht gelten, da der Mensch als Kulturwesen zur ›Sublimierung‹ verdammt sei. Wenn er seine Sexualität ausleben wollte, wäre ein soziales Chaos das Ergebnis. Kultur sorge mit Tabus und Ersatzbefriedigungen dafür, daß das Tier im Menschen eingesperrt bleibe. Vom Glück bleibt auf diese Weise wenig übrig: »Man möchte sagen, die Absicht, daß der Mensch ›glücklich‹ sei, ist im Plan der ›Schöpfung‹ nicht enthalten. Was man im strengsten Sinne Glück heißt, entspringt der eher plötzlichen Befriedigung hochaufgestauter Bedürfnisse und ist seiner Natur nach nur als episodisches Phänomen möglich. Jede Fortdauer einer vom Lustprinzip ersehnten Situation ergibt nur ein Gefühl von lauem Behagen. Wir sind so eingerichtet, daß wir nur den Kontrast intensiv genießen können, den Zustand nur sehr wenig. Somit sind unsere Glücksmöglichkeiten schon durch unsere Konstitution beschränkt.«

Wer sexuelles Glück auf Orgasmus reduziert, muß so sprechen. Nicht nur, daß Freud der Sexualität mit der Haßliebe seines Zeitalters, seiner Klasse und seiner Kultur gegenübertrat, das eigentlich Fatale ist seine Blindheit gegenüber Glückserfahrungen, die Sexualität über den genitalen Lustgewinn hinaus bereitstellt, z. B. als Zärtlichkeit, Freundschaft, Solidarität.

Sexuelle Lust gehört zu den stärksten biologisch verankerten Glückserfahrungen. Sie erfordert jedoch stets soziale Artikulation und hat deshalb in der Geschichte der Menschheit zu Tausenden von institutionellen Kanalisierungen geführt, wobei auch ihre promiskuitive Freigabe zu bestimmten Zeiten im Jahr selber noch eine institutionelle Regelung bedeutet.

In unserem Kulturkreis gibt es nur noch wenige Menschen, deren Glücksliste die Sexualität nicht enthielte. Auch die christlichen Kirchen haben ihr inzwischen einen eigenständigen Rang eingeräumt. Jugendliche sind nicht mehr zu sexueller Enthaltsamkeit verdammt, und selbst die soziale Diskriminierung der Alterssexualität wird schwächer. ›Doktorspiele‹ von Kindern wurden allerdings auch früher schon schmunzelnd geduldet. Nichts verbindet uns unserer stammesgeschichtlichen Herkunft so stark wie die Geschlechtslust. Nichts trennt uns vom Tierreich so sehr wie die Aufgabe, diesem Dauertrieb soziale Form zu geben.

3. Sozialität. Der Mensch ist ein soziales Wesen. Diesen

Satz unterschreiben alle Philosophen. Aber schon der nächste Satz entzweit sie, weil die Gründe dafür kontrovers sind. Hatte Hobbes gemeint, jeder müsse vor seinem Mitmenschen auf der Hut sein und brauche den anderen nur, um seinen Egoismus gegen ihn durchzusetzen, so gründete Rousseau seine politische Philosophie auf eine ursprüngliche Sympathie unter den Menschen. Kant bezog eine Mittelposition: Aus »krummem Holze« geschnitzt, könne der Mensch kraft seiner Vernunft dennoch so weit gelangen, seine egoistischen Triebe in den Dienst einer humanen Gesellschaft zu stellen.

Soziobiologen gehen von einem egoistischen Gen-Pool aus, für dessen Überlebensplan das Individuum unter Umständen geopfert wird. Besonders bei hochorganisierten Lebewesen zeigen die Gene bei solchen Überlebensstrategien eine erstaunliche Erfindungskraft. Ein Beispiel: Der afrikanische Springbock macht bei Annäherung eines Raubtiers einen hohen Luftsprung, durch den er die Herde warnt, sich selbst aber erhöhter Gefahr aussetzt. Altruistisches Verhalten erweist sich hier als in Wahrheit egoistisches, im Sinne des Gen-Bestandes der Art.

Die Verlockung, menschliches Sozialverhalten nach solchem Muster zu erklären, ist groß, und es gibt wenige Soziobiologen, die ihr widerstehen. E. O. Wilson will jedes Opfer im Dienste einer Religion, einer Nation oder eines moralischen Grundsatzes als Überlebensstrategie menschlichen Gen-Pools verstehen. Für jede menschliche Eigenschaft müßte sich dann ein eigenes, dafür zuständiges Gen finden lassen. Man hat das versucht und auch für Religiosität ein passendes Gen gefunden.

Aber Spaß beiseite und die Soziobiologie mit einer zweifelsfreien Einsicht zitiert: Der Mensch ist von Natur kein Einzelgänger, sondern er sucht Gesellschaft und findet in ihr eine der wichtigsten Quellen für sein Lebensglück. Für diese Widerlegung des pessimistischen Philosophen Hobbes gibt es heute empirische Belege von sozialwissenschaftlicher Seite: »Gute Freunde haben«, rangiert in einer Umfrage über »Dinge, die das Leben lebenswert machen«, bei den Deutschen an erster Stelle vor »in Freiheit leben« und »lieben und geliebt werden«. Zwei Drittel der Befragten meinen, bei einem Wohnungswechsel würde ihnen der Bekanntenkreis mehr fehlen als die gewohnte Landschaft, das Haus oder die Wohnung. Vier Fünftel laden regelmäßig ihre Nachbarn zu sich ein, und ein Fünftel der Männer geht einmal in der Woche zum Stammtisch. Unter den Eigenschaften, die man an Mitmenschen besonders schätzt, wird ›Geselligkeit‹ an erster Stelle genannt. Das gilt noch besonders für die jüngeren Altersgruppen.

Andererseits bringen solche Hinweise wiederum nicht soviel, wie ein Anthropologe vermutete, als er im Notizbuch aller seiner Freunde eine etwa gleich große Zahl von Bekannten fand, von der er behauptete, daß sie exakt der Zahl von Hordenmitgliedern der Frühzeit menschlicher Entwicklung entspräche. Dabei ist der Rückgriff auf die Horde so unsinnig nicht, wenn man aus empirischen Umfragen erfährt, daß die Qualität von Freundschaftsbeziehungen ganz wesentlich davon abhängt, ob die Freunde sich untereinander kennen – und es also Sinn gibt, von einem Freundes*kreis* zu sprechen. Die Identität der Person ist sozial um so fester abgestützt, je dichter das Netz sozialer Beziehungen innerhalb dieses Kreises geknüpft ist.

Im Blick auf den ethischen Zusammenhalt menschlicher Verbände verweisen Soziobiologen gern auf das sogenannte ›Obligationsmuster‹: Ein Netz gegenseitiger Verpflichtungen reguliert das gesamte Sozialleben. Dankbarkeit, Gerechtigkeit und fairer Tausch wären danach tief im Erbgut des Menschen verankert und durch

Kultur nur weiterentwickelt und ausdifferenziert. Daß die Moral in anonymen sozialen Verhältnissen schlechter wird und also ein Kaufhausdiebstahl weniger Gewissensbisse verursacht als der in Armeen schwer geahndete Kameradendiebstahl, könnte das soziobiologische Argument verstärken.

Das von Moralphilosophen hoch gepriesene Glück, ›gut zu sein‹, ließe sich in Fortführung dieser Argumentation schlicht als das Glück, dabeizusein, verstehen. Der Außenseiter, ob kriminell oder nicht, wäre demnach als solcher unglücklich. Eine so einfache Sicht der Dinge übersieht allerdings, daß es stets Außenseiter waren, die neue Vorstellungen von Gerechtigkeit und Sittlichkeit ersannen und damit ganze Kulturen auf ein neues Verständnis sozialen Glücks vorbereiteten. Es gibt in der Menschengeschichte moralische ›Innovationen‹, und der Weg von der Horde in der Savanne zur heutigen ›Weltinnenpolitik‹ sich immer enger vernetzender Staaten, Völker und Kulturen erzwingt solche ethischen Revolutionen. Das Christentum bedeutete ebenso wie der Buddhismus eine völlige Umkehrung der bisher geltenden Wert- und Glücksmaßstäbe. Sie haben sich bis heute nicht voll durchgesetzt, dazu gibt es in der Menschennatur zu viele Widerstände. Trotzdem haben diese Weltreligionen eine Kultur moralischer Sensibilität geschaffen, die nicht dadurch Lügen gestraft wird, daß es immer wieder Philosophen und Politiker gibt, die sie historisch hintergehen wollen: zugunsten eines neuen Barbarentums, für das man sich nicht nur bei Nietzsche, sondern auch bei der Soziobiologie mit Argumenten versorgt.

Der Gewinn, den man aus soziobiologischen Erkenntnissen für die Beantwortung der Frage nach dem Glück durch Gesellschaft haben kann, ist gering. Was bleibt, ist die Einsicht, daß die Naturgeschichte des Menschen gewisse Prädispositionen für ihn bereitgestellt hat. Aber für die Bewertung all der tausend Institutionen, die der Mensch im Laufe seiner Geschichte erfunden, geändert und wieder verworfen hat, hilft sie keinen Schritt weiter. Wer glücklicher ist, ein buddhistischer Mönch oder die Nachbarn bei einem Gartenfest, das läßt sich soziobiologisch nicht entscheiden, weil der Mensch, seitdem er Geschichte macht, eine unerschöpfliche Menge von Zielen kennt. Diese gehen in dem Zweck ›Überleben‹ nicht ohne weiteres auf.

Deshalb bleiben die Schlußsätze des Buches von Dieter E. Zimmer ›Unsere erste Natur‹ problematisch: »Die Evolution hat uns gemacht. Jeder ist, was wir jemals waren. In ihm sind Jahrmillionen aufbewahrt. Keine Instanz stattet uns aus mit Ziel und Zweck . . . Wir sind zu nichts ausersehen; die Suche nach ›Sinn‹ ist infantil . . . Es gibt keinen Sinn außer dem, den wir uns selber setzen.«

Eben. Nicht nur, daß es keinen Sinn außer dem gibt, den wir selber setzen, sondern wir können gar nicht anders, als nach Sinn suchen und Zwecke setzen. Auch die Naturwissenschaften können Sinnfragen nicht abweisen, im Gegenteil: Die großen Zertrümmerer der alten Weltbilder und Begründer neuer Systeme gingen von der Frage nach dem Sinn des Kosmos und des Menschen in ihm aus. Das galt für Kopernikus ebenso wie für Kant, dessen drei große Fragen ›Was kann ich wissen?‹, ›Was soll ich tun?‹, ›Was darf ich hoffen?‹ bis heute nicht verstummt sind.

Auch die Soziobiologie zielt mit ihrer Frage ›Woher kommen wir?‹ auf ein näher liegendes Ziel als die Eruierung von Selektionsvorteilen genetischer Verhaltenscodices. Sie will die Koordinaten menschlicher Existenz erkunden. Wenn es eines Beweises dafür bedürfte, daß die Soziobiologie in Wahrheit eine Philosophie ist, liegt dieser gerade in ihrer Tendenz zur ständigen Grenzüberschreitung auf die Sinnfelder unserer Existenz. Die dramatischsten Beispiele liefern gegenwärtig drei Themen, die gleichzeitig für das Thema Glück von großer Relevanz sind: *Aggressivität, Territorialität, Patriarchat.* In allen diesen Fällen werden aus wirklichen oder vorgeblichen Anlagen des Menschentieres eindeutige Konsequenzen zur moralischen, sozialen und politischen Gestaltung unserer Welt gezogen. Geschichte soll als eine Form der Naturgeschichte erscheinen und ihre Offenheit verlieren. Jeder, der menschliches Glück jenseits dieser Grenzen suche, jage Illusionen nach, so lautet die Botschaft der Soziobiologie.

Aggressivität? In tierischen Gesellschaften tritt sie immer dann auf, wenn lebensnotwendige oder heißbegehrte Güter knapp werden, also zum Beispiel Futter, Nistplätze, Sexualpartner. Wenn diese Ressourcen vorhanden sind oder über ihre Nutzung (wie im Falle der Sexualität) eindeutig entschieden ist, gibt es keine Aggression. Zwar können Frustration und Schmerz aggressives Verhalten auslösen. Aber hier gilt, was allgemein zutrifft: Auch Tiere können lernen, und soziale Lernprozesse spielen besonders für die Bändigung und Richtung der Aggressivität eine große Rolle. Das fand jüngst die amerikanische Zoologin Dian Fossey für das Aggressionsverhalten der Gorillas heraus: Nur wo Erfahrungen im Gruppenverhalten fehlten, kam es zu Aggressionsäußerungen. In den achtzehn Jahren ihrer Feldforschung beobachtete sie nur drei solcher Fälle. Aggressivität darf also nicht einmal bei Tieren ohne weiteres als ein unüberwindlicher Trieb aufgefaßt werden.

Noch weniger gilt das für den Menschen und sein Aggressionsverhalten. Konrad Lorenz jedoch vermutet im Menschen einen kulturunabhängigen Aggressionstrieb, der ihm angeboren und auch durch soziales Lernen nicht abzugewöhnen ist. Diese Vorstellung entbehrt jeder

Grundlage und verrät eine Naivität, die in der Soziobiologie bei aller naturwissenschaftlichen Exaktheit immer wieder anzutreffen ist.

Das menschliche Sozialleben ist von einer Differenziertheit, die es verbietet, eine so krude Kategorie wie Aggression als einen Trieb zu fassen, der so unterschiedliche Phänomene wie Wettbewerb, Schmerz, Frustration, Generationenkonflikt, kriegerische Auseinandersetzung, berufliche Konkurrenzsituation, Eifersucht oder Enttäuschung über ein verlorenes Spiel in gleicher Weise soll erklären können. Statt an Triebvorstellungen sollten wir uns eher an den sozialen Lernleistungen der Gorillas orientieren.

Und was das Glück betrifft, so sollten wir es woanders suchen als in dem Ausleben von Aggressivität. Kriegsbegeisterung, Todes- und Tötungsrausch sind besonders in Deutschland immer wieder verherrlicht worden, in zum Teil bedeutenden literarischen Produktionen. Aggressivität war ein Stichwort des Faschismus, vorher schon des Futurismus und eines politischen Vitalismus, der heute in Frankreich wieder Mode wird, mit Bezug auf deutsche Philosophen und Schriftsteller. Was immer in früheren Zeiten als Glück in Kampf und Krieg erfahren wurde, liefert jedenfalls für unsere Zeit aus vielerlei Gründen keine Perspektive mehr.

Deutschland galt bis zum Ende des Zweiten Weltkrieges als besonders aggressiv. Der Militarismus war stets gegnerisch gespannt, und ›negative Integration‹ lebt von Feinden. Diese Zeiten sind glücklicherweise vorbei, zusammen mit der pädagogischen Idee, Jungen taugten nur etwas, wenn sie aggressiv seien. In der Nachkriegsepoche gab es zum erstenmal eine deutsche Jugend, die ein männliches Ideal des ›Softy‹ ausbildete und unaggressive Männer bevorzugte. Wenn Unterschiede im Verhalten der Geschlechter überhaupt noch gelten sollen, dann soll es nicht die Aggressivität des Mannes sein. Das jedenfalls ist die Meinung einer steigenden Zahl junger Leute.

Territorialtrieb? Ähnlich dubios wie der Aggressionstrieb ist die von Soziobiologen immer wieder behauptete Neigung des Menschen, ein gewisses Territorium als seinen Lebensraum zu verteidigen. Schon im Tierreich ist äußerste Behutsamkeit gefordert: Soll es sich um die Individualdistanz handeln, wie sie Schwalben auf einem Telegraphendraht beachten (und Menschen vermutlich bei der Besetzung eines Kinos oder Wartezimmers), um den Aktionsraum (zum Beispiel für Fluchtbewegungen), um Nahrungsgebiete (hundert Morgen Land reichen aus, um zehn Hirsche zu ernähren, aber nur einen Puma), um Nistgebiete, Paarungsplätze, oder was sonst? Im Blick auf den Menschen wächst diese Definitionsbedürftigkeit um viele Grade. So unterscheidet man z. B. die intime Distanz von der persönlichen, und die soziale Distanz von der öffentlichen. Aber selbst diese Einsicht bleibt abstrakt, da solche Distanzen sich nach Kulturen stark unterscheiden.

Es gibt eine territoriale Sensibilität im Blick auf den sozialen Status. Herrschaft imponiert mit räumlicher Distanz, und die Elite bewohnt größere Räume. Davon abgesehen scheint das Raumbedürfnis des Menschen sich bei wachsendem Wohlstand zu verstärken. Vor hundert Jahren galt eine Wohnung von sechzig Quadratmetern für eine vielköpfige Familie für normal. Heute muß ein Ehepaar, das ein Kind adoptiert, einen eigenen Raum für dieses Kind nachweisen können.

Wie im Tierreich gibt es auch für menschliche Gesellschaften Nahrungsräume und Verteidigungslinien. Beide aber hängen von Methoden der Landwirtschaft, der Handelsorganisation und der Kriegsführung ab. Heute liefern Reaktorunfälle, Rheinverschmutzung und Terrorismus Beispiele für die Untauglichkeit eines ›Territorialtriebes‹.

Auf wieviel Quadratmeter Wohnfläche sich der Mensch in Dorf, Stadt oder Großstadt glücklich oder unglücklich fühlt, dafür kann die Soziobiologie keine Hinweise geben. Das heute geschmähte Hochhaus ist nicht als solches schon Quelle von Unzufriedenheit und Leid. Für Chicago hat man das Verhältnis von Wohndichte, Sterblichkeit, Fruchtbarkeit, Jugendkriminalität und psychischen Krankheiten untersucht und folgendes herausgefunden: Nicht die Zahl der Menschen auf der Gesamtfläche, sondern die Zahl der Personen pro Raumeinheit spielt eine Rolle für erhöhte Sterblichkeit, Vernachlässigung der Kinder, Jugendkriminalität, außerdem für eine Erhöhung der Geburtenrate (im Unterschied zum Tierexperiment!). Psychische Störungen erklären sich dagegen eher aus sozialer Isolierung und Anonymität in Hochhäusern.

Wie wenig der Rückgriff auf ein vorgebliches Territorialprinzip für Entscheidungen im Wohnungs- und Städtebau leistet, wie viel sich andererseits aus ihm ideologisch gewinnen läßt, zeigt eine Untersuchung von Glatzer/Zapf. Danach nimmt die Wohnzufriedenheit mit steigender Anzahl der Parteien in einem Hause ab. Grund dafür ist aber *nicht die Zahl* der in einem Hause lebenden Menschen *an sich*, sondern Faktoren wie Lärm, Abhängigkeit vom Vermieter, häßliche Umwelt und sonstige Unzufriedenheitsfaktoren, die sich bei Wohnungen in Mehrfamilienhäusern häufen. Bessere Grundrisse und ›privatere‹ Baustile könnten auch in Hochhaussiedlungen höhere Wohnzufriedenheit bringen. Außerdem sind die Faktoren der Wohnzufriedenheit in hohem Maße abhängig von Schichten, Nationen und Kulturen. Die Holländer leben auf dichterem Raum als die Deutschen und sind nicht weniger glücklich. Italiener lieben Geselligkeit und leiden weniger unter Lärm. Solche nationalen Eigentümlichkeiten werden dazuhin durch den Faktor der Schichtzugehörigkeit beeinflußt.

Man sieht: Mit dem ›Territorialprinzip‹ läßt sich keine Wohnungsbaupolitik betreiben. Und daß der Gesichtspunkt ›Lebensraum‹ ein unsinniges politisches Prinzip darstellt, dafür gibt es viele Beispiele. Was schließlich den militärischen Aspekt angeht, so hängt die Sicherheit einer Nation unter heutigen waffentechnischen Bedingungen eher von einer stabilen internationalen Lage als von Bergen und Flüssen ab.

Patriarchat? Als Mann geboren zu sein gilt heute in den weitaus meisten Gesellschaften als Glück. In der Geschichte gab es nur wenige Ausnahmen von dieser Regel. Das ist kein Zufall, meint die Soziobiologie. Hier, bei der Rechtfertigung einer Ungleichheit der Geschlechter, die über den kleinen Unterschied hinausgeht, ist ihr Mitsprachewunsch von besonderer Entschiedenheit. Ihre theoretische Ausgangsposition ist nicht schlecht:

Da über Millionen Jahre die Jagd vorwiegend Männersache war, haben sich für beide Geschlechter besondere Eigenschaften herausselektiert. Man spricht von einem strengen Sexualdimorphismus: auf seiten des Mannes Fähigkeiten der Planung und strategische Kooperation, auf seiten der Frau Verhalten der Brutpflege und kommunikative Stärken. Der weitere Fortgang menschlicher Entwicklung hat die in der Jägerkultur herausgebildeten männlichen Eigenschaften immer stärker prämiert, so daß alle Hochkulturen eine Dominanz des Mannes in Familie, Gesellschaft und Politik zeigen. Viele Soziobiologen sind deshalb heute im Blick auf Emanzipationsbestrebungen der Frau skeptisch.

Sie sind dies um so mehr, als neuerliche Verhaltens-, Hormon- und Gehirnuntersuchungen Unterschiede zwischen Männern und Frauen zutage fördern, die gut in die ethologische Theorie von der arbeitsteiligen Wesensverschiedenheit passen. Knaben zeigen schon in der frühen Kindheit ein ausgeprägteres exploratives Verhalten, fühlen sich von unbekannten Objekten angezogen und sind reaktionsgeschwinder. Mädchen sind stärker kommunikativ orientiert, verfügen über ein besseres Wortgedächtnis, lesen besser Gesichter, haben einen besseren Geschmackssinn.

Diese Studien sind allerdings noch umstritten und müssen so lange mit Skepsis betrachtet werden, wie Forschungen zeigen, daß Mädchen und Knaben von ihrer Geburt an von der Mitwelt unterschiedlich adressiert werden. Eine typische Mädchenerziehung sorgt später dafür, daß sie dem Bild, das die Gesellschaft von Weiblichkeit hat, entsprechen. Sie dürfen ihre Kleider beim Spielen nicht schmutzig machen, sollen liebenswert und hilfsbereit sein, dürfen ihre Intelligenz nicht zeigen und sollen berufliche Karrieren im Zweifel für die Familie zurückstellen. Eltern, Kindergärtnerinnen und Lehrer wie Lehrerinnen sorgen dafür, daß solche geschlechtsspezifischen Orientierungen und Verhaltensmuster sich einprägen und für ein schlechtes Gewissen im Falle ihrer Verletzung sorgen.

Frauenemanzipation ist keine Utopie, sondern möglich und nötig. Selbst wer den biologischen Präformierungen der Geschlechtsrolle hohen Rang einräumen will, kommt um eine Reform der patriarchalischen Gesellschaft nicht herum. Die moderne Zivilisation hat alte biologische Orientierungen in vieler Hinsicht außer Kurs gesetzt, und die Frauen können nicht warten, bis eine genetische Evolution die neuen Verhältnisse eingeholt hat. Im Interesse nicht nur ihres Glückes, sondern einer zufriedeneren Gesellschaft insgesamt muß das viertausend Jahre alte Patriarchat zu Ende gebracht werden.

Auch auf der Suche nach einem in der Natur vorgebildeten Ideal für die richtige Form der Familie helfen uns soziobiologische Hinweise kaum weiter. Das gilt schon im Blick auf die sozialen Verhältnisse der Primaten selbst. Wen soll man sich zum Urahn wählen: den promiskuitiven Schimpansen, den Orang-Utan mit patriarchalischer Herrschaft eines älteren Männchens über Weibchen und Junge, den monogamen Gibbon in Familienverbänden?

Menschliche Gesellschaften waren früher häufig und sind heute noch zum großen Teil polygyn (ein Mann ist mit mehreren Frauen verheiratet). Aber hierfür gibt es soziale und wirtschaftliche Gründe. Die Anzahl der Ehefrauen richtet sich nach dem sozialen Status des Mannes: Je wohlhabender er ist, desto mehr Frauen leistet er sich. Mit Ausbreitung der westlichen Zivilisation dringt die Monogamie vor. Gründe dafür liegen in der Änderung der Wirtschafts- und Arbeitsverfassung und der Übernahme eines individualistischen Menschenbildes, das in einer dualen Bindung der Person bessere Identitätsmöglichkeiten bietet. Andererseits zeigt die Geschichte der Monogamie, daß sie, jedenfalls unter Menschen, selten strikt durchzuhalten war. Lust und Liebe fanden sich auf Dauer nicht zusammen, von Standesrücksichten und Interessen ganz zu schweigen. Stets gab es Verletzungen und Abweichungen, für die man sogar institutionelle Formen fand. Diese begünstigten meist eine größere sexuelle Freiheit des Mannes.

Man hat hierfür einen aus dem Tierreich stammenden Grund finden wollen, der zugleich die hohe Eifersuchtsaggression des gehörnten Ehemannes erklären soll: Sieht man als wichtigste Funktion der Paarbindung die Erzeugung erfolgreicher Nachkommen, dann kann die Frau immer sicher sein, daß sie die Hälfte ihrer Gene in ihren Kindern unterbringt, und deshalb das Fremdgehen ihres Mannes gelassen ertragen. Der Mann hat diese Gewißheit nicht und muß bei Seitensprüngen seiner Frau damit rechnen, daß er Kinder aufzieht, welche die Gene anderer Männer tragen.

Es gibt viele Versuche, aus dem Tierreich Anhaltspunkte zur Gestaltung menschlichen Geschlechts- und Familienlebens zu gewinnen: für Formen des Liebeswerbens, für die vorgebliche Unnatürlichkeit der Verbindung einer älteren Frau mit einem jüngeren Mann (nicht aber umgekehrt wegen der Zeugungs- und Gebärfähigkeit) etc. Aber sie bringen alle nichts, weder als Maßstab für das Gebotene noch als Richtschnur für das Glück. Glück und Unglück ergeben sich viel eher aus dem wirtschaftlichen, sozialen und kulturellen Umfeld.

Unsere Gesellschaft stellt gegenwärtig ein ganzes Versuchsfeld unterschiedlicher Modelle von Eheformen dar: ›Offene‹ Ehe, bei der sexuelle, aber auch sonstige soziale Aktivitäten mit anderen als dem Ehepartner geteilt werden, ›Konsekutiv-Ehe‹, deren Zeit, entweder von Anfang an oder in der Rückschau betrachtet, bemessen ist; freie Partnerbindungen, die gegenüber den Kindern aber Vater- oder Mutterrollen nicht ausschließen; Kommunen unterschiedlichen Zuschnitts. Etwa die Hälfte der Bundesbürger hat heute nichts gegen Ehen ohne Trauschein. Nur knapp die Hälfte der jüngeren Altersgruppen meint, eine Ehe müsse eine gefühlsmäßige Bindung auf Lebenszeit bedeuten.

Schließlich gibt es weiter die alte Ehe mit dem Vorsatz, in Grenzen auch der Realität sexueller Ausschließlichkeit, dazu der Gewohnheit, die meiste freie Zeit gemeinsam zu verbringen. Obgleich sie durch die Veränderung zur Kleinfamilie schwer unter Druck gekommen ist, erfreut sich Opas Ehe nach den empirischen Umfragen in unserem Lande weiterhin großer Sympathie. Die hohe Scheidungsrate spricht nicht gegen, sondern eher für sie: Hohe Anforderungen werden leichter enttäuscht. Man heiratet bald wieder und zollt damit der Institution Respekt.

Allerdings gibt es einen kräftigen gegenläufigen Trend: Anfang der achtziger Jahre befürworteten die Hälfte der unter dreißigjährigen Männer und Frauen eine Art Großfamilie, wobei 12 % der Männer sich auch sexuellen Partnertausch vorstellen können. Auf die Frage: »Halten Sie die Einrichtung der Ehe grundsätzlich für notwendig oder für überlebt?« antworteten 1963 noch über 90 % der verheirateten Männer und Frauen in unserem Lande mit »notwendig«, heute dagegen nur noch knapp 70 %. Besonders drastisch hat sich die Meinung der Frauen geändert: Von 95 % in den sechziger Jahren sank der Anteil der verheirateten Frauen, die eine Ehe für notwendig halten, auf heute nur noch zwei Drittel.

Man sieht: Maßstäbe für Glück in Ehe und Familie können sich rasch ändern. Der sehnsuchtsvolle Blick zurück in unsere Naturgeschichte bringt keine Perspektive für die Ehe von morgen. Und für die richtige Einsicht, daß ein ständiger Wechsel der Bezugspersonen die Identitätsbildung beim Kind erschwert oder man Säuglinge nicht in eigenen Zimmern schlafen und schreien lassen soll, reichen Erkenntnisse von Psychologen, wennschon man nicht leugnen muß, daß ethologische Gesichtspunkte hier nützlich sein können.

Was gewinnen wir durch die Soziobiologie für unsere Kenntnis menschlichen Glücks? Wenig. Es sieht nicht so aus, als ob wir in naher Zukunft auf andere Wissenschaften verzichten können, wenn es um Glück oder Unglück menschlichen Lebens geht.

Statt hilfreich zu sein, birgt die biologische Verhaltensforschung vielmehr eine große Gefahr, von der jetzt noch die Rede sein soll. Sie ist mit dem Ausdruck Kulturpessimismus angezeigt. Die Soziobiologie ist allem Fortschritt gegenüber skeptisch und erwartet das Heil nicht vom gedanklichen Vorgriff auf eine neue Zukunft, sondern von der Rückbindung an unsere Naturgeschichte. Daher sind Kulturpessimismus und Zivilisationskritik dieser Sicht immanent, und nur bei wenigen Soziobiologen fehlt es an jenem Pessimismus, der unserer Zivilisation kaum noch Überlebenschancen läßt. Durch die Auflehnung gegen seine Natur habe der Mensch sich um sein Glück gebracht. Ob aber der ›Naturmensch‹ wirklich glücklicher war, ob er weniger Angst hatte, ob er mit weniger Brutalität (also ›Tierheit‹) in seiner eigenen Gesellschaft konfrontiert war, das ist die Frage. Sicher ist dagegen, daß der Mensch von Natur ein neugieriges und erfinderisches Wesen ist, darauf bedacht, seine Welt zu erkennen und sie seinen Zwecken dienstbar zu machen. Er war nie mit dem Erreichten zufrieden, Fortschritt steckt tief in seiner Natur.

Der Kulturpessimismus greift zu kurz, wenn er eine bestimmte Phase der Geschichte des Menschen als die seiner Natur gemäße und bekömmliche fixiert. Auch macht er es sich in seiner Argumentation mit unserer naturgeschichtlichen Herkunft zu leicht, wenn er einmal die Sammler- und Jägerkultur, ein anderes Mal die Phase der Seßhaftigkeit als Prädisposition für ein geglücktes Leben ins Feld führt.

Die Prognosen der Humanethologen sind durchweg auf einen düsteren Ton gestimmt. Und wer wollte heutzutage eine optimistische Vision dagegenhalten? Der Mensch scheint bei all seiner Gescheitheit nicht so langfristiger Planungen fähig zu sein, wie sie nötig wären, um die großen Katastrophen, die uns bedrohen, zu verhindern.

Doch die Frage ist nicht, ob man Pessimist oder Optimist ist. Woran man mißt und welche Kräfte man bemüht, darauf kommt es an. Wer auf *Naturgeschichte* setzt, wird den baldigen Artentod des Homo sapiens kommen sehen, durch Erbverfall, Hunger, Atomkrieg und Zerstörung der Umwelt. Er wird mit Theo Löbsack sicher sein, »daß der Mensch den Höhepunkt seiner Entwicklung, die Glanzzeit seiner irdischen Präsenz hinter sich hat. Es kann, lapidar gesagt, nur noch bergab gehen.«

Wer dagegen auf *Geschichte* setzt, wird aus ihr vor allem *eine* Naturanlage des Menschen wichtig nehmen: seine Lernfähigkeit. Lernfähigkeit bedeutet hohe Anpassungsfähigkeit, die prinzipiell nie abgeschlossen ist. Die Menschengeschichte ist ein einziges Beispiel dafür.

Kein Zweifel, vermutlich hat die Menschheit noch nie vor so großen Problemen gestanden wie heute, noch nie so viel Neues lernen müssen, dazu auf so vielen Feldern gleichzeitig. Viele bisher sichere Wegweiser aus unserer Naturanlage erweisen sich unter den Bedingungen moderner Zivilisation als dysfunktional. Unsere Vorliebe für Zucker, für kalorienreiche und fette Speisen, die im ganzen Tierreich verbreitete Lust an der Faulheit als Erholung von den Phasen hoher Anspannung, alles das taugt nicht in einer Kultur, die den Menschen mit Torten, Autos und Aufzügen verwöhnt. Die Menschen sterben deshalb gegenwärtig vor allem an Krankheiten, denen solche natürlichen, aber heute selbstmörderischen Neigungen zugrunde liegen. Ebenso geht es auf den Feldern der Nutzung natürlicher Ressourcen, des Bevölkerungswachstums, des Friedens.

Auch wenn die schweren Probleme der Übervölkerung, der Umweltbelastung, des drohenden Atomkrieges den Verdacht bestärken, die Menschheit werde diese dramatische Phase der Evolution nicht überleben, helfen soziobiologische Rückgriffe nicht weiter und können dem Bevölkerungswissenschaftler, dem Ökologen, Ökonomen, Soziologen und Politologen die Arbeit nicht abnehmen. Vor allem aber kann die Soziobiologie die Frage nach dem Ziel nicht beantworten. Wohin diese Gesellschaften und Nationen gehen wollen, kann sie nicht sagen, weil ihr Selektions- und Adaptionskonzept versagt. Historische Entwicklungen laufen so rasch, daß eine am biologischen Selektionsprozeß orientierte Evolutionstheorie nie nachkommt. Mit der Soziobiologie als einziger wissenschaftlicher Orientierung wäre die Menschheit mit Sicherheit jetzt schon am Ende.

Evolution kennt kein Ziel, sondern nur das nachträgliche Urteil ›überlebt‹. Die meisten Arten haben nicht überlebt, und warum sollte der Mensch wie die Schildkröte und das Krokodil zu den wenigen Ausnahmen gehören? Soziobiologische Unkenrufe verbessern jedenfalls unsere Lebensaussichten nicht. Ebensowenig beantworten sie unsere Fragen nach dem Glück. Wenn immer die Soziobiologie etwas lehrt, dann dies, daß das Menschenglück stets auch im Überschreiten neuer Grenzen, im Betreten neuer Ufer liegt. Transzendieren gehört zum Wesen des Menschen.

Glück durch Herrschaft

Der schlimmste Feind des Glücks ist die Angst. Wer Angst hat, dessen Leben ist auch unter sonst günstigen Umständen stets überschattet. Glück bedeutet Unbeschwertheit, Angst belastet.

Unzählig die Ängste, denen wir ausgesetzt sind:

– Angst vor der Natur: Obgleich die Menschheit ihr dicht auf den Leib gerückt ist, attackiert sie uns weiter, mit einer Flutkatastrophe, einem Wespenstich in die Luftröhre, einem Erdbeben, einer unheilbaren Krankheit. Inzwischen ängstigt uns auch die dienstbar gemachte Natur: ein Staudamm, der bricht; ein Gift, das entweicht; ein Reaktor, der durchbrennt.

– Angst vor den Umständen: Krieg, Wirtschaftskrise, Entlassung, Unfall.

– Angst vor anderen Menschen: Neid und Rachsucht, Schikane und Übervorteilung, Raub und Mord.

– Angst vor sich selbst: unbeherrschbare Schwächen und Leidenschaften, falsche Entscheidungen und Selbsteinschätzungen.

Angstfreiheit setzt zweierlei voraus: Vertrauen in die eigene Kraft und Vertrauen in die Verhältnisse. Ein gewisser Austausch ist möglich: Wenn die Verhältnisse mir nicht günstig sind, muß ich Abstriche an meinen Erwartungen machen; oder ich habe die Kraft, sie zu ändern. Manche Menschen können beides. Einmal fügen sie sich, ein andermal kämpfen sie. Auf diese Weise sind sie meist mit sich im reinen und so oder so Herr der Lage.

Herr sein: der Natur, der Situation, seiner Mitmenschen und seiner selbst. Wer herrscht, verfügt über Glücksquellen. Wenn es gutgeht, kommt alles zusammen: Soziales Prestige verbindet sich mit politischem Einfluß und wirtschaftlichem Wohlstand. Luxus liefert Schönheit. Finanzielle Unabhängigkeit erlaubt Selbstentfaltung: Herrschaft bietet ein Leben nach eigenem Gusto.

Alles dies scheint heute selbstverständlich. Aber Herrschaft ist eine Erfindung der Menschen und hat einen Preis gekostet. In ihrem Buch ›Dialektik der Aufklärung‹ zeigen Max Horkheimer und Theodor W. Adorno die Ambivalenzen, welche die Menschheit sich durch die Herrschaft über die Natur und über sich selbst eingehandelt hat. »Furchtbares hat die Menschheit sich antun müssen, bis das Selbst, der identische, zweckgerichtete, männliche Charakter des Menschen geschaffen war, und etwas davon wird noch in jeder Kindheit wiederholt. Die Anstrengung, das Ich zusammenzuhalten, haftet dem Ich auf allen Stufen an, und stets war die Lockung, es zu verlieren, mit der blinden Entschlossenheit zu seiner Erhaltung gepaart.«

Um die Angst vor der Natur loszuwerden, sann der Mensch von Anbeginn auf ihre Entzauberung. Jede ›Aufklärung‹ entspringt dem Herrschaftswillen des Menschen: »Macht und Erkenntnis sind synonym.«

Zusammen mit der Angst vor der Natur verlor der Mensch das Glück naturhafter Bindung. Tatsachensinn ersetzte das Gefühl geheimnisvoller Verwandtschaft. Nachdem der Mensch sich entschlossen hatte, von der Natur nur das gelten zu lassen, was nützlich und berechenbar ist, begann der Siegeszug der Zivilisation. Unerschöpflich der Vorrat von Geheimnissen, die es zu lüften galt. An die Stelle bildhafter Wahrheit trat »die Welt als gigantisches analytisches Urteil«. Statt rauschhafter Erleuchtung und beschwörenden Zaubers galt immer mehr die ›instrumentelle Vernunft‹. Heute definiert sich der Mensch nicht mehr über die Natur, bildet seine Götter nicht mehr nach ihrem Vorbild, sondern läßt nur Selbstgedachtes und Selbstgemachtes als Quellen seiner Identität gelten. Der Anthropologe Arnold Gehlen faßt die Geschichte der Technik als einen praktischen Selbsterkenntnisprozeß des Menschen auf: Zunächst erfand er Maschinen, die den Muskelapparat abbildeten, dann folgte die Reproduktion des Nervengefüges, des Hormonhaushaltes, und heute steht die Konstruktion des menschlichen Gehirns als Aufgabe an. Erst wenn er fähig ist, sich selbst völlig aufzubauen, hat der Mensch sich selbst erkannt.

Gehlen versah diese Evolutionstheorie mit einem negativen Vorzeichen, und die beiden Aufklärer Horkheimer und Adorno meinten am Ende ihres Lebens, Herrschaft sei kein Schlüssel zum Glück. Horkheimer bekehrte sich zu religiösen Vorstellungen, Adorno schrieb eine ›Negative Dialektik‹.

Daß der Zuwachs an Herrschaft in vielerlei Gestalt die Glücksperspektiven der Menschheit eher verschlechtert habe, meinen heute viele Ethnologen und Anthropologen. Sie vergleichen die Situation der Jäger und Sammler mit der unsrigen und neigen dazu, die Wildbeutergesellschaft in den Savannen und Regenwäldern für glücklicher zu halten. Damals ließ der Mensch die Natur, wie sie war, und lebte von dem, was sie bot. Die natürliche Umwelt bestimmte sein Leben, und nur innerhalb ihrer gab es Glück. Gemächlich zog man der Fruchtfolge nach. Zwischen Sammeln, Jagen, Hüttenbauen und Essenmachen blieb reichlich Zeit. Man hat diese Wildbeuterphase der Menschheit als ›ursprüngliche Überflußgesellschaft‹ bezeichnet. Zur Idealisierung dieser Gesellschaft gibt es trotzdem wenig Grund. Auch wissen wir viel zuwenig über sie, um Vergleiche im Blick auf ihr Lebensgefühl anstellen zu können.

Immerhin läßt sich mit einiger Sicherheit vermuten, daß einige Ängste, unter denen wir leiden, nicht bekannt waren, die Angst vor künftigem Hunger zum Beispiel. Der Wald bot ausgiebig Nahrung, und wenn er einmal unergiebig war, mußte man den Waldgott wecken, damit er die Natur wieder anstieß. Erst mit der Seßhaftigkeit, d. h. mit dem Anbau von Nutzpflanzen und der Tierhaltung, begann die Angst vor der Zukunft, z. B. schlechten Ernten und Viehseuchen. Mit der Herrschaft über die Natur fiel dem Menschen auch die Sorge um sie zu.

Außerdem mußten die Menschen mehr arbeiten. Statt den Wildweizen zu ernten, wenn er reif war, mußte man die doppelte Menge Korn anbauen, um Saatgetreide für das nächste Jahr zu haben, dazu eine Reserve für den Fall einer vertrockneten, verregneten oder verhagelten Ernte. Die Arbeit wurde auch eintöniger. Statt des Sammelns jetzt das Hacken und Jäten, statt der Jagd das Füttern und Ausmisten. Dazu verlangte die neue Arbeit immer mehr das, was heute ihr Wesen ausmacht: Disziplin, d. h. das Einhalten von Plänen, Zeiten, Arbeitsrhythmus.

Auch vor Kriegen mußte der Mensch lange Zeit weniger Angst haben als wir. Die Horden konnten sich meist leicht aus dem Wege gehen, weil alle genug zu essen fanden.

Dennoch: Welche Ängste die Urgesellschaften gekannt haben – wir wissen es nicht. Die vielen Zauber- und Beschwichtigungszeremonien, die wir heute noch bei Naturvölkern finden, lassen allerdings vermuten, daß es nicht wenige waren. In dem Maße, in dem man sich voll als Teil der Natur verstand, war man in jedem Sinne abhängig von ihr: Objekt, nicht Subjekt.

Wie schwer dem Menschen das Erlernen von Herrschaft gefallen ist, davon zeugen die Mythen vom Paradies. Unter der Plackerei für das tägliche Brot von morgen träumten sie von einem Leben, das ihnen jetzt nur noch die Tiere, Pflanzen und Vögel vorlebten: »Sie säen nicht, sie ernten nicht, sie sammeln nicht in die Scheunen, und unser himmlischer Vater nähret sie doch.« Anstelle elementarer Lebensfreude, die man bei Wildbeutern beobachtet haben will, gab es die mühsam-eintönige Arbeit auf dem Felde: »Verflucht sei der Acker um deinetwillen, mit Kummer sollst du dich darauf nähren dein Leben lang.« (1. Moses 3,17)

Das war der Preis für die Perspektive zukünftigen Glückes durch Herrschaft: » . . . machet sie (die Erde) euch untertan und herrschet über die Fische im Meer und über die Vögel unter dem Himmel und über alles Getier, das auf Erden kriecht.« (1. Moses 1,28) Und was die Plackerei der Arbeit angeht, so sollte es noch schlimmer kommen. Oder besser und glückbringender? Jedenfalls erlebte die Arbeit in Europa eine Aufwertung, wie man sie bis dahin nicht für möglich gehalten hätte. Bis zum 16. Jahrhundert galt Arbeit als Fluch, unter dem nur ein Stand litt, die Bauern. Andere Stände lebten der Repräsentation, der Muße oder der Gottgefälligkeit. Das Bürgertum entwickelte ein völlig neues Arbeitsverständnis und ein neues Wort: Arbeitsfreude. Diese Klasse der Emporkömmlinge, der Eroberer, Wissenschaftler und Neureichen sah ihren Lebenssinn in einer neuartigen Verbindung von Herrschaft und Leistung. Robinson wurde zum Prototyp dafür und zum ersten ›Helden der Arbeit‹: unermüdlich sich abrackernd, an seinen Abenden mit Plänen für Erweiterungen und Verbesserungen beschäftigt.

Man hat von einem glücklosen Kampf um das Glück gesprochen, im Blick auf das ungünstige Verhältnis von gegenwärtiger Plackerei und der Aussicht auf künftiges Behagen. Aber so einfach ist die Sache nicht, und so einfach ist der Mensch nicht. Er hat es fertiggebracht, in der Anstrengung selbst eine Glücksquelle zu entdecken, im aufgeschobenen Konsum Genuß zu finden und aus der Selbstdisziplin das wichtigste Identitätsmittel zu machen. Nur so gibt das Wort ›Arbeitsfreude‹ Sinn.

Die planende Verfügungsmacht über die Natur führte in der Folge zur Herrschaft von Menschen über Menschen. Oder gab es immer schon Herren und Knechte? Das hängt davon ab, was man unter Herrschaft versteht. Die moderne Anthropologie hat sich auf folgendes Kriterium geeinigt: Institutionalisierung einer zentralisierten Führungsinstanz. Das bedeutet ein Kontrollsystem, dem Gesetze und Anordnungen zugrunde liegen, dazu eine Bürokratie, die sich einem Herrschaftszentrum verpflichtet weiß. Folgt man diesem Verständnis von Herrschaft, dann lebten die Menschen zu 99% ihrer vergangenen Geschichte nicht unter den Bedingungen politischer Herrschaft.

Andererseits lebt keine Gesellschaft, und sei sie noch so klein, ohne eine voll durchstrukturierte Sozialordnung. Aber über Jahrzehntausende fehlte ihr eine zentrale Instanz, bei der Impulse und die Sanktionen für diese Organisation gelegen hätten. Es handelt sich vielmehr um akephale (›hauptlose‹) Gesellschaften, deren Führung in verschiedene Funktionen aufgeteilt ist und nach dem Prinzip der Autorität funktioniert, nicht nach Befehl und Gehorsam. Man hat diese Gesellschaften deshalb auch egalitär genannt.

Trotzdem waren die Mitglieder dieser Gesellschaften nicht gleich. Immer gab es welche, die durch Körperkraft, Geist oder Altersweisheit hervorragten und deshalb von dem Clan zum Kriegshäuptling, Priester oder Richter erkoren wurden. Sie wurden nicht ›gewählt‹ oder ›bestellt‹, sondern in dieser Funktion schlicht beansprucht, und dies nur für die Zeit ihrer Tauglichkeit. Ihre Autorität untermauerten sie mit ständigen Beweisen ihrer Uneigennützigkeit: durch Geschenke, durch Einladungen zu Festen. Es war also gerade nicht, wie Marx vermutete: Nicht akkumulierter Reichtum und Ansammlung von Macht standen am Beginn solchen Einflusses.

Die Legitimitätsbasis dieser wechselnden Priester-, Führer- und Richterschaften war eine Art von ›Etikette‹, die moralisch eingefärbt war: Wie man dem Wort des Familienvaters gehorchte, so folgte man dem Wort des Priesters, dem Plan des Kriegshäuptlings oder dem Urteil des Richters. Das ›gehörte sich‹. Wenn er alt oder sonstwie unzuverlässig wurde, erlosch seine Führungslegitimität. Ein System der Selbststeuerung also, basierend auf Übereinkünften prinzipiell gleicher Mitglieder: herrschaftsfrei, aber nicht ohne Autoritäten; gesetzlos, aber nicht ohne Regeln; zwanglos, aber nicht ohne Etikette.

Eine glückliche Gesellschaft? Möglicherweise; jedenfalls eine Gesellschaft ohne Klassen, ohne Staat, aufgebaut auf Vertrauen, Respekt, persönlicher Qualität. Der Berliner Rechtshistoriker Uwe Wesel resümiert: »Es gibt Gesellschaften ohne Staat. Diese Binsenweisheit ist gar nicht so selbstverständlich . . . Denn Staatsräson gehört ebenfalls nicht zur Natur des Menschen. Das kann man bei den Jägern lernen, die im übrigen, nach allen Berichten, nicht nur sehr frei, sondern auch sehr fröhlich lebten. Wir dürfen also weiter träumen. Die früheste Vergangenheit ist jedenfalls auf unserer Seite. Das Wesen des Menschen ist kein Hindernis. Was wollen wir mehr?«

Geträumt wurde immer schon. Rousseau träumte von einer herrschaftsfreien, Marx von einer klassenlosen Gesellschaft. Auch sie beriefen sich auf einen Urzustand, der weder Eigentum noch Befehle kannte. Utopien gründeten sich stets auf derartige Theorien vom Urzustand und der unverdorbenen Natur des Menschen.

Solche Theorien haben heute wieder Konjunktur. Folgende Kritik an der Massengesellschaft fand sich in einem dem Thema ›Macht‹ gewidmeten ›Kursbuch‹: »Der Mensch ist ein Gruppenwesen, kein Gesellschaftswesen. Die Entwicklungsgeschichte des Menschen weist einen Bruch auf. Sein Ursprungsmilieu, seine Existenzbedingung, seine Umwelt von einst ist praktisch nicht mehr zu vergleichen mit der zwar von ihm geschaffenen, aber nicht beabsichtigten Umwelt von heute. Der Urmensch lebte in der kleinen Gruppe . . . Ein Wesen, das auf eine kleine Gruppe angelegt ist, ist auf das Milieu einer Massengesellschaft überhaupt nicht vorbereitet.«

Da ist Norbert Elias anderer Ansicht. Er gehört zu denjenigen, die sich gerade von der Ausbreitung menschlicher Herrschaft Positives versprechen. Sein Buch ›Über den Prozeß der Zivilisation‹ macht plausibel, daß die Ausbildung politischer Zentralinstanzen zu einer Humanisierung beigetragen hat. Herrschaft führte zu stärkerer Selbstdisziplinierung und zur Eindämmung von Trieben, die sich früher ungebundener äußerten.

Das hat zu beachtlichen Veränderungen auf vielen Feldern von Glück geführt. Ein Beispiel: Vor Errichtung der großen europäischen Rechtsordnungen antworteten der allgemein verbreiteten Angst vor Gewalt eine Lust am Töten, Quälen und Verstümmeln, die elementare Glückserfahrungen eröffneten und gesellschaftlich keineswegs verpönt waren. Wem es gelang, dem Anschlag eines Raubmörders zu entgehen, empfand Genugtuung und hohes Glück, wenn er ihn nun seinerseits umbringen konnte und sich dabei als doppelt lebendig erlebte. Grausamkeit bot früher überhaupt eine unerschöpfliche Quelle von Glück. Elias schreibt: »Die Freude am Quälen und Töten anderer war groß, und es war eine gesellschaftlich erlaubte Freude . . . Überall war Furcht; der Augenblick galt dreifach. Und unvermittelt, wie die wirklichen Schicksale, schlug Lust in Angst um, und die Angst löste sich oft ebenso unvermittelt in der Hingabe an eine neue Lust.«

Inzwischen hat eine Verwandlung unseres Affekthaushaltes stattgefunden. Wir gehen nicht mehr am Johannistag zu einem Fest, dessen Hauptspaß darin bestand, sich an der Qual lebendig verbrannter Katzen zu ergötzen. Selbst der Boxkampf »ist, gemessen an den Augenfreuden vergangener Phasen, eine überaus gemäßigte Inkarnation der verwandelten Angriffs- und Grausamkeitsneigungen«.

Herrschaft kann also eine Verringerung von Angst bedeuten. Sie muß es nicht, wie wir aus vielen politischen Systemen wissen. Auch scheint die Umwandlung des Affekthaushaltes in so wenigen Jahrhunderten noch nicht zuverlässig gelungen zu sein, wenn man an den Sadismus denkt, den politische Gegnerschaft immer wieder entbindet. Aber da wir nicht zur Urhorde zurückkönnen, bleibt uns für eine Glücksbilanz nur der Vergleich politischer Regime.

Die pazifizierende Wirkung großer Herrschaftseinheiten gilt auch in außenpolitischer Hinsicht. Jedenfalls liegt darin die Hoffnung auf eine Zukunft ohne Krieg. Gegenüber Konflikten mit anderen Stämmen war die Wildbeutergesellschaft ziemlich hilflos. Der Grund dafür liegt in der Weise, wie die Mitglieder ihre Innenbeziehungen regelten, wie gesagt, ohne rechtliche Sanktionen und ohne Machtzentrale. Damit fehlten ihnen Methoden, nach außen verläßliche Regelungen zu treffen. Die sichersten Mittel waren Heirat und Geschenkaustausch, aber damit begann bereits gegenseitige ›Eingemeindung‹. Wenn man sich nicht aus dem Wege gehen konnte, gab es als Konfliktregelung ausschließlich den Kampf, dazu in Formen und mit Konsequenzen, die man von der Jagd kannte und auf das Jagdwild Mensch übertrug.

Obwohl es in Wildbeutergesellschaften keine Herrschaft im Sinne von dauerhafter Machtakkumulation mit der Folge sozialer Ungleichheit gegeben hat, gab es dennoch zwei uralte Formen von Hierarchie: Vorrang durch das *Geschlecht* und das *Alter*.

Über die zahlenmäßige Verteilung von *Matriarchat* und *Patriarchat* in Urgesellschaften sind die Anthropologen uneins. Worüber eher Einigkeit besteht, sind die Gründe für die allmähliche Ausbildung eines dauerhaften patriarchalischen Übergewichts. Die Aufzuchts- und Sammeltätigkeit der Frauen hielt sie in der Nähe der Feuerstätte und schloß sie weitgehend von der Jagd aus. Diese Leistungsdifferenzierung führte langfristig zu einem hierarchischen Übergewicht der Männer. Dieses entsprach freilich nicht einmal den ökonomischen Verhältnissen, denn das Sammeln bot die dauerhaftere Nahrungsgrundlage. Aber die Männer wogen diesen ökonomischen Nachteil durch einen ›Vergesellschaftungsvorteil‹ auf. Karl Otto Hondrich beschreibt ihn in seiner ›Theorie der Herrschaft‹: »Sie jagen gemeinsam, arbeitsteilig und kooperativ und können dadurch spezifische Fähigkeiten und eine Art ›organischer Solidarität‹ entwickeln, die dem antagonistischen Vorgang des Sammelns nicht innewohnt. Sie behalten deshalb im Machtverhältnis der Geschlechter ein leichtes Übergewicht, das sie, besonders bei den höheren Jägern, gelegentlich mit den gerontokratischen Elementen wie Geheimhaltung (Monopolisierung) des Wissens über Jagdgründe, Mannbarkeitsrituale und mythologisch überhöhte Speisegesetze und Sexualverbote (beste Fleischstücke und Frauen für die Alten) ausbauen können.«

Während des Übergangs zum Ackerbau geriet die Führungsrolle der Männer in eine Krise. Jagd wurde weniger wichtig, an ihre Stelle traten Viehhaltung und Feldarbeit. Aber die Männer holten sich ihre verlorengegangene Überlegenheit rasch wieder. Sie verdrängten die Frau aus dem Produktionsprozeß und beschränkten sie auf den Gemüsegarten, die Kinderaufzucht und sexuelle

Dienste. Als Organisatoren der Wirtschaft machten sie sich zu Eigentümern der Überschüsse und brachten die Frauen so auf Jahrtausende in ökonomische Abhängigkeit. Dabei wirkte folgendes Gesetz: Je stärker ein Mann sich mit der Planung, Anweisung und Verteilung der Arbeit anderer befaßte, desto höher wuchs sein soziales Prestige und seine ökonomische Macht. Die originären Leistungen auf dem Felde und im Viehstall führten dagegen zum sozialen Abstieg. Und da sammelten sich wieder die Frauen, dazu an der Wiege, am Kochtopf und im Küchengarten. Jetzt hatte ›Herr‹-schaft ihren buchstäblichen Sinn. Und wenn immer Herrschaft eine Quelle menschlichen Glücks sein kann, haben die Frauen seit dieser Zeit schlechtere Chancen dafür.

Die zweite, schon in frühesten Gesellschaften auftretende Hierarchie betrifft die *Altersstufen*. Dabei ist die Verteilung in verschiedenen Gesellschaften durchaus verschieden und läuft jedenfalls keineswegs einfach linear vom Greisenalter bis zur Kindheit. Zum Beispiel haben bei den Mbuti-Jägern im tropischen Regenwald des Kongo jungverheiratete Paare und alleinstehende Jüngere am meisten zu sagen, weil sie als Jäger und Sammler dem Stamm am meisten bringen. Bei nomadischen Herdenvölkern gilt dagegen das Alter viel, weil Erfahrung mit selten auftretenden Gefahren, zum Beispiel außergewöhnlichen Trockenheiten, in ihm gespeichert ist.

In welchem Alter ist man am glücklichsten? Ein Kriterium für die Antwort darauf ist das Maß an Macht, über das man verfügt. Der vierzigjährige Hoferbe, der seinen Vater um jeden Pfennig bitten muß und darauf wartet, daß der ihm endlich den Hof übergibt, ist unglücklich. Aber seinem Vater ging es nicht anders. Viele Rentner sind unglücklich, weil sie ihre Werkstatt oder ihren Schreibtisch nicht mehr haben. Die Jugend, hört man, soll eine besonders glückliche Zeit sein, jedenfalls gibt es genügend Lieder darüber. Fragt man die jungen Leute von heute, hat man nicht den Eindruck, als ob sie besonders glücklich seien. Viele leiden unter ihrer Abhängigkeit.

Und die Kinder? Obgleich ihr Verhältnis zu den Älteren von Natur ein starkes Herrschaftsgefälle enthält, gab es in der Geschichte Phasen glücklicher oder unglücklicher Kindheiten. Man nimmt an, daß in Urgesellschaften Kinder einigermaßen repressionsfrei aufwuchsen. Ein Gegenbeispiel ist die Mittelschichtserziehung im europäischen 19. und 20. Jahrhundert. Die Kinder wurden vom frühesten Babyalter an mit leidvollen Mitteln zur Selbstbeherrschung erzogen und wuchsen in räumlicher, häufig auch emotionaler Entfernung zu Vater und Mutter auf. Berichte über Pensionats- und Kadettenanstaltserziehung gehören zu den Beschreibungen tiefsten menschlichen Jammers.

Allerdings läßt sich, ganz gleich, ob kinderfreundlich oder kinderfeindlich erzogen wird, die Grundtatsache eines enormen hierarchischen Gefälles zwischen Erwachsenen und Kindern nicht aus der Welt schaffen. Das zeigen Interviews, die in einem Kindergarten gemacht wurden. Man fragte die Kinder ausdrücklich nach Glück oder Unglück, und zwar im Vergleich zu den Erwachsenen. Hier das Ergebnis: Die Kinder waren durchweg der Meinung, Erwachsene müßten glücklicher sein als sie, aus folgenden Gründen (deren Gewicht natürlich nach der Altersspanne wechselte): Erwachsene sind größer und stärker; sie weinen nicht; sie nehmen Verluste (zum Beispiel eines Hundes) nicht so schwer; sie können arbeiten gehen; Erwachsene dürfen mehr als Kinder; sie können mehr als Kinder; sie wissen mehr; Erwachsene können sich alle Wünsche erfüllen; sie werden nicht bestraft; Erwachsene haben keine Probleme mit der Schule; sie sind weniger ungeschickt; Erwachsene haben keine Angst.

Da ist es wieder, das Haupthindernis für das Glück: die Angst. Alle Gegenrechnungen (Geborgenheit, Liebe, Nachsicht, Schutz, Freiheit . . .) können *ein* Argument nicht entkräften: Kinder wollen erwachsen werden und also nicht in ihrem abhängigen Stande verharren. Ihre Existenz ist eine Kette ständiger Erfahrungen der Verbindung von Herrschaft und Glücksquellen.

Häufig ist Herrschaft gepaart mit ökonomischer Macht. Das hat Marx richtig gesehen. Wie problematisch seine Theorie strikter Zuordnung ökonomischer und politischer Macht auch immer sein mag, eine hohe Konvertierbarkeit von Reichtum in Herrschaft und umgekehrt läßt sich nicht leugnen. Geld macht zwar nicht glücklich, aber es liefert die wichtigste Voraussetzung für viele Glücksgüter.

Die Zugehörigkeit zu einer herrschenden Schicht wird weitgehend sozial vererbt. Wichtigster Bestandteil dieses Erziehungsmusters ist die Selbstbeherrschung. Jede Oberschicht hat sich an diesem Ideal orientiert: Selbstkontrolle als Voraussetzung der Kontrolle anderer. Selbstbeherrschung liefert eine ganze Reihe von Herrschaftsmitteln: erstens die Fähigkeit, sehr langfristige Ziele zu erreichen. Sie schließt Bedürfniskontrolle, Askese, Geduld, Ausdauer ein. Zweitens: Wer herrscht, muß sich ›Mitarbeiter‹, d. h. Untergebene verpflichten können. Dafür gibt es ein reiches Reservoir an Mitteln. Drittens: Wer herrscht, muß Vorbild sein für die Verhaltensweisen und Tugenden, die er anderen abverlangt. Fleiß, Sparsamkeit, Disziplin, Pünktlichkeit sind an sich keine aristokratischen Tugenden. Die aristokratische Erziehung sorgt aber dafür, daß über sie im Außenverhältnis und sozusagen rollenteilig verfügt werden kann. Für gelungen darf eine Erziehung zur Selbstbeherrschung erst gelten, wenn diese selbst zur Glücksquelle wird, zusammen mit ihren asketischen Zügen. Sie ist dann einer

Kunst vergleichbar, die man beherrscht und deren Beherrschung man genießt.

Das Glück der Selbstbeherrschung ist heute strittig geworden. Empirische Untersuchungen zeigen, daß Jugendliche von diesem Ethos immer weniger halten, auch jene Teile der Jugend, die durch Herkunft oder Bildung zu künftiger Herrschaft geboren oder berufen sind. Selbstdisziplin, Leistungswille, Ordnung, Pünktlichkeit, Askese gelten jungen Deutschen immer weniger als anzustrebende Werte. Ältere Deutsche dagegen erleben Selbstdisziplin als hohe Glücksquelle. Ob geschätzt oder nicht, vorläufig liefert Selbstbeherrschung weiterhin eine gute Chance, glücklich zu werden. Wer Selbstbeherrschung lernt, wird ›sich selbstständig machen‹ können, einen ›freien Beruf‹ ergreifen können oder in eine ›leitende Position‹ einrücken, d. h. er wird nicht den Vorschriften anderer folgen, ihre Pläne akzeptieren, ihnen Rechenschaft geben, vor ihnen Angst haben müssen. Solche Positionen von Selbstbestimmung gelten nämlich nach empirischen Untersuchungen auch der Jugend als Quellen von Glück.

Dieser Widerspruch: daß man ernten, aber nicht säen will, wird unsere Gesellschaft in den nächsten Jahrzehnten beschäftigen. Er sitzt tief in der modernen Kultur verankert, deren Wirtschaftssystem uns über die Konsumwerbung ein leichtes Leben verspricht, aber weiterhin von den asketischen Tugenden von Menschen lebt, die Selbstbeherrschung üben müssen, um die Dinge im Griff zu behalten. Das folgende Kapitel beschäftigt sich mit einem der wichtigsten Felder dieses modernen Dilemmas, unserem sich wandelnden Verhältnis zur Arbeit.

Glück durch Arbeit

»Macht Arbeit krank? – Macht Arbeit glücklich?« Darüber stritten sich 1984 die Demoskopin Elisabeth Noelle-Neumann und der Arbeitsforscher Burkhard Strümpel. Worum es in ihrem Buch ging, war die Frage, ob die Westdeutschen arbeitsunlustig werden oder nicht. Die Antwort ist schwierig, und es kommt darauf an, welche Faktoren man in die Rechnung einbringt: z. B. das veränderte Verhältnis von Arbeit und Freizeit, die Arbeitsbedingungen (selbständig oder unselbständig, nervliche Belastung, gleitende Arbeitszeit, Betriebsklima, Mitbestimmungsmöglichkeiten, Vergleiche mit anderen Ländern).

Eines ist unstrittig: Die Zahl der Menschen, welche die Freizeit für eine größere Glücksquelle halten, wächst unaufhörlich. Je jünger die Befragten sind, desto mehr lieben sie ›die Stunden, während sie nicht arbeiten‹.

Dieser Befund hätte noch vor dreihundert Jahren niemanden überrascht. Jahrtausendelang haben die Menschen Arbeit als ein Übel betrachtet. Wer nicht arbeiten mußte, tat es nicht. Es gab Stände, die als solche von Arbeit frei waren: Adliges Leben erfüllte sich im Krieg, in der Muße und in der Repräsentation; der Klerus führte eine geistig-wissenschaftliche und kontemplative Existenz. Ernährt wurden beide Stände von Bauern und Handwerkern, die ihr Brot verdienten, wie die Bibel es beschrieb: im Schweiße ihres Angesichtes.

Das änderte sich erst in der Renaissance, mit der Erstarkung des Bürgertums. Expansion hieß jetzt die Devise. Man entdeckte Erdteile, erschloß Märkte, weckte Bedürfnisse. Prototyp dieses neuen Sinnes ist bis heute, wie gesagt, Robinson: planend, erweiternd, verbessernd, investierend, unermüdlich schaffend. Wenn man früher am Feierabend von der Arbeit ausruhte, war Robinson noch mit der Verbesserung seiner Lebensqualität beschäftigt. Eine Wasserleitung sollte den Gang zur Quelle und das Schöpfen aus dem Eimer ersetzen: Wasser aus der Wand. So ging es fort, von Erfindung zu Erfindung, von Erleichterung zu Erleichterung, von Luxus zu Luxus: der große Wettlauf zum Glück.

Daß diese Schufterei selber zu einer Glücksquelle wurde, ist keineswegs selbstverständlich, sondern immer noch erklärungsbedürftig. Einen der plausibelsten Gründe hat Max Weber geliefert: Protestantische Ethik habe eine bis dahin für unsinnig geltende Verbindung zweier ganz verschiedener Antriebe zustande gebracht: bis zur Erschöpfung zu arbeiten, die Früchte dieser Arbeit aber nicht zu genießen, sondern ein asketisches Leben zu führen. Das war genau, was der Kapitalismus brauchte: aufgeschobenen Konsum, Investition, Kapital. Den Quell für diese paradoxe Verbindung von Arbeit und Askese sah Weber in der calvinistischen Lehre: Gott habe die Menschen von Ewigkeit her zum Heil oder zur Verdammnis bestimmt. Wer schon zu Lebzeiten wissen wolle, was ihn dereinst erwarte, könne seinen Lebenswandel und den beruflichen Erfolg als Hinweis darauf nehmen. Auf diese Weise sei Arbeit zum ersten Mal als Glück erfahren worden: im Sinne eines gottgefälligen Lebens. Das Bibelwort vom Fluch der Arbeit war vergessen, statt dessen galt das Sprichwort »faul wie die Sünde«.

Nicht genug damit, in der Arbeit eine neue Glücksquelle zu sehen, verstiegen sich viele zu der Behauptung, Glück sei überhaupt nur in der Arbeit zu finden. Das meinte noch 1985 Kurt Reumann in der FAZ, indem er seinen Silvesterartikel mit dem Titel ›Glück ist Arbeit‹ überschrieb. Eine Folge dieser rigorosen Behauptung, einzige Quelle des Glücks sei die Arbeit, liegt darin, daß wir inzwischen viele Beschäftigungen, die früher in den Bereich der Muße gehörten, Arbeit nennen. Sogar von ›Erinnerungsarbeit‹ oder ›Trauerarbeit‹ ist die Rede. Das ist wirklich erstaunlich und vermutlich eine der tiefgreifendsten Wandlungen in der Geschichte der Menschheit: Aus Fluch wird Segen, aus Leid wird Lust, Unglück wird Glück.

Wer den revolutionären Wechsel in der Bewertung von Arbeit noch einmal nachvollziehen will, lese das Buch ›Der Bourgeois‹ von Werner Sombart. Obschon längst ein Klassiker, ist es immer noch die spannendste Beschreibung des Wandels mittelalterlicher Arbeitslast in moderne Arbeitslust. Im Mittelalter arbeitete der Mensch nur so viel, wie unbedingt nötig war, um, wie die Bauern, sein Leben zu fristen oder ›standesgemäß‹ zu führen, wie die Leute von Stand. Die Handwerker arbeiteten auf sehr gemächliche und von vielen Pausen unterbrochene Weise: um ein Schwätzchen zu halten, nach den Kindern zu sehen, eine Pfeife zu rauchen. Sombart schreibt: »Es ist gar kein Interesse vorhanden, daß etwas in sehr kurzer Zeit oder daß in einer bestimmten Zeit sehr viel erbracht oder erzeugt werde. Die Dauer der Produktionsperiode wird durch zwei Momente bestimmt: durch die Anforderungen, die das Werk an gute und solide Ausführung stellt und durch die natürlichen Bedürfnisse der arbeitenden Menschen selbst.«

Diese Bedürfnisse änderten sich über Jahrtausende nicht. Man nahm's mit der Arbeit nicht nur über den Tag gemächlich, sondern auch übers Jahr. Zwar gab es keinen freien Samstag und natürlich keinen Urlaub, aber sehr viele Feiertage. Dafür sorgte das Kirchenjahr mit seinen

Heiligen, dazu gab es lokale Anlässe. Der bayerische Bergmann hatte noch während des 16. Jahrhunderts hundert freie Tage im Jahr.

Im Kapitalismus wandelte sich dies. Rationalität wurde Trumpf. Das galt für die Tageseinteilung, die Arbeitsgänge, das Tempo der Arbeit. An die Spitze des Tugendkataloges rückten jetzt Schweigsamkeit und Ordnung, Fleiß und Sparsamkeit, Pünktlichkeit und Gründlichkeit. Nun wurden auch die Reichen sparsam, paradoxerweise: »*Das* war das Unerhörte: daß jemand die Mittel hatte und sie doch zurate hielt. Denn alsbald kam zu jenem Grundsatz: nicht mehr auszugeben als einzunehmen: zu sparen.« (Sombart)

Die neue Rationalität bezog sich nicht nur auf die Arbeit, sondern auch auf die Freizeit, ja sogar auf Gespräche und Zerstreuung. Sombart zitiert den Tagesplan Benjamin Franklins (siehe Seite 82).

Heute sieht es so aus, als ob wir wieder in eine neue Phase der Bewertung von Arbeit einträten. Immer mehr Menschen erscheint Arbeit nicht mehr als der einzige Lebenssinn. Umfragen in allen europäischen Ländern und in den USA lassen erkennen, daß vor allem die jüngeren Jahrgänge ihr Glück zunehmend von der Freizeit erwarten und Arbeit häufig als notwendiges Übel betrachten. Dafür gibt es unterschiedliche Gründe:

– Wachsende Freizeit pro Tag, Woche und Jahr führt zu einer grundlegenden Veränderung des Verhältnisses von Arbeit und freier Zeit. Früher stand Freizeit im Sinnhorizont der Arbeit: als Pause und Erholung, Essens- und Schlafzeit. Noch vor hundert Jahren arbeitete man durchschnittlich bis zu 85 Stunden in der Woche, um 1900 noch 65. Die heutige Wochenarbeitszeit von 40 Stunden hat, zusammen mit dem zweitägigen Wochenende und einer durchschnittlichen Urlaubszeit von 28 Tagen, den Freizeitbereich zu einer Welt eige-

Der Morgen: **Frage:** **Was werde ich** **heute Gutes tun?**	5 6 7	Steh auf, wasche dich, bete zum Allmächtigen! Richte dir das Geschäft des Tages ein und fasse deine Entschlüsse für denselben, setze das jeweilige Studium fort und frühstücke.
	8 9 10 11	Arbeite.
Der Mittag:	12 1	Lies oder überlies deine Geschäftsbücher, iß zu Mittag.
	2 3 4 5	Arbeite.
Der Abend:	6 7 8 9	Bring' alle Dinge wieder an ihre Stelle. Nimm das Abendbrot ein. Unterhalte dich mit Musik, Lesen, Gespräch und Zerstreuung. Prüfe den verlebten Tag.
Die Nacht:	10 11 12 1 2 3 4	Schlafe.

nen Sinnes gemacht. Der Tag eröffnet nach Ende der Schicht oder der Bürozeit einen Bereich eigenständiger Tätigkeit. 140 Tage im Jahr sind als Wochenend-, Feier- und Urlaubstage arbeitsfrei. Das Wochenende, das am Freitagnachmittag beginnt, erlaubt größere Unternehmungen mit Entfernungen von mehreren hundert Kilometern, sogar Flugreisen. Der Urlaub entführt die Menschen nicht nur räumlich, sondern auch seelisch weit aus der Arbeitswelt.

Die Westdeutschen haben die niedrigste tarifliche Soll-Arbeitszeit (1708 Stunden). Die Japaner arbeiten mit 2156 Stunden fast elf Wochen länger als wir. Am wenigsten freie Zeit haben berufstätige Frauen, Schichtarbeiter, Selbständige, Bauern und Inhaber von Spitzenpositionen auf allen beruflichen Feldern. Am meisten haben Beamte und Angestellte, Schüler und Studenten von der wachsenden Freizeit profitiert.

– Zusammen mit der Freizeit wächst offenbar die Kraft, sie sinnvoll zu nutzen: durch Sport, Gartenarbeit, Basteln, soziale Aktivitäten in Vereinen, Nachbar- und Freundschaft. Je zusammenhängender die Stunden und Tage freier Zeit genutzt werden können, desto weniger schwierig scheint es, sie mit Sinn zu füllen. Die meisten westdeutschen Bürger wissen nach Studien von Freizeitforschern schon heute genau, was sie mit dem zu erwartenden Mehr an Freizeit im Jahre 2000 anfangen wollen: Die Hälfte wird sich an einer Hochschule, Freizeitakademie oder sonstigen Bildungsinstitution einschreiben, ebensoviele suchen mehr Muße als bisher. 40 % wünschen sich mehr freie Zeit für ihre Familie, gleichfalls 40 % für Bekannte und Freunde. Mehr als die Hälfte sehnt sich nach Zeit für ihr Hobby, ca. ein Viertel will sich stärker als bisher in Vereinen, Parteien oder sozialen Einrichtungen engagieren. Fast die Hälfte möchte mehr reisen. Die Tourismus- und Freizeitindustrie tritt in deutliche Konkurrenz zur Arbeitswelt. Aus einem Prospekt: »Nehmen Sie Ihre Freizeit ernst. Sie ist der wichtigste Teil Ihres Lebens.«

– Nicht nur der Sinn der Freizeit wächst mit ihr, sondern auch die wirtschaftliche Möglichkeit, sie als eigenen Lebensteil zu gestalten. Immer mehr Geld geht in Freizeitaktivitäten. Einige Zahlen: Zwei Fünftel der Westdeutschen gehen häufig in ein Café oder zum Essen aus; drei Fünftel der jungen Leute besuchen Tanzlokale und Discos; ein Fünftel der Gesamtbevölkerung geht in Konzerte, Theater, Museen; zwei Drittel machen eine Reise pro Jahr, dazu Wochenendausflüge. Die Reisebüros verzeichnen einen durchschnittlichen Zuwachs vor allem bei Fernreisen von 6% pro Jahr; die kräftigsten Wachstumsraten liefern dabei in jüngerer Zeit bisher weniger erschlossene Länder wie die Türkei oder die Balearen, Nordafrika oder Ägypten. Neben organisierten Ferienreisen wächst die Zahl der Ferienclubs mit einer Rundumbetreuung durch Animateure, die eine Palette glückspendender Aktivitäten anbieten. Der typische Teilnehmer ist zwischen dreißig und fünfzig Jahre alt, verheiratet, hat zwei Kinder und gehört zur gehobenen Einkommensklasse. Er ist sportlich aktiv und beruflich erfolgreich. In jüngster Zeit tritt neben die Glücksversprechungen des Aktivurlaubs ›Happy Sailing‹ und ›Happy Tennis‹ noch ein psychologisches Programm nach dem Motto ›Sich selbst und andere besser kennenlernen‹, also ›Happy Psycho‹.

– Die wachsende Eigenständigkeit des Freizeitbereichs beschleunigt einen Einstellungswandel zur Arbeit, den man nach den Kriterien ›materialistisch‹ und ›postmaterialistisch‹ beschreibt: Die ›Materialisten‹ beurteilen ihre Arbeit vornehmlich nach dem, was sie wirtschaftlich abwirft, während die ›Postmaterialisten‹ von ihrer Arbeit Freude und Selbstverwirklichung erwarten.

Maßstäbe des Freizeitbereiches wandern auf diese Weise für Postmaterialisten in das Arbeitsfeld ein. Kein Wunder, daß die Arbeitszufriedenheit in allen Ländern während der letzten Jahre gesunken ist, besonders drastisch in der Bundesrepublik Deutschland.

Allerdings sind die Chancen, im Berufsleben postmaterialistische Bedürfnisse zu befriedigen, in Deutschland auch weniger gut als in anderen Ländern. Nirgends sonst ist das Verhältnis zwischen Chef und Mitarbeitern so distanziert und kühl wie bei uns; das Betriebsklima in westdeutschen Firmen ist, wie zahlreiche Studien erweisen, schlechter als anderswo, und man muß fürchten, daß es sich unter den Bedingungen von Massenarbeitslosigkeit noch verschlechtern wird. Im Vergleich zu ihren Arbeitskollegen in anderen Ländern fühlen sich Westdeutsche an ihrem Arbeitsplatz weniger frei.

Nach Untersuchungen des Arbeitsforschers Burkhard Strümpel reagiert eine große Zahl ›persönlichkeitsstarker‹ Arbeitnehmer mit Arbeitsunlust, wenn sie von Mitbestimmung ausgeschlossen werden. (Partizipation ist für denjenigen Teil der Selbstverwirklichung, der möglichst wenig fremdbestimmt sein will.) Ein weiterer Faktor von Arbeitsleid wird in starren Organisationsformen gesehen. Dazu gehört neben fehlendem Job-Sharing vor allem eine nicht flexible Arbeitszeit. Sie belastet das Familienleben von Ehepartnern mit Kindern. In fast allen Punkten solcher Humanisierung der Arbeitswelt hinkt die Bundesrepublik ihren westdeutschen Nachbarn hinterher.

– Ein letzter Grund für sinkende Arbeitsfreude liegt in einigen neuen Technologien. Sensibilisiert durch kreative Freizeittätigkeiten, leiden immer mehr Menschen unter stupider oder nervenangreifender Tätigkeit. Wie die Arbeit am Bildschirm hat manche neue Technologie nicht nur Entlastung, sondern neue Belastung gebracht. Gesundheitliche Schäden am Arbeitsplatz werden zunehmend wahrgenommen. Besonders jüngere Jahrgänge entziehen sich schlechten Arbeitsbedingungen. Sie haben noch die »mörderische Schlacht« (Strümpel) des deutschen Wirtschaftswunders vor Augen, mit Nervenzusammenbrüchen, Herzschäden, Schlaganfällen, Magengeschwüren und Selbstmorden der Generation ihrer Eltern und Großeltern. In internationalen Umfragen stehen jüngere Westdeutsche auch deshalb an der Spitze derer, die ihr Glück eher in der Freizeit als in der Arbeit vermuten.

Der Sinn für Muße ist vielleicht gar nicht so neu, wie wir heute denken. Vermutlich hat er die moderne Arbeitswut immer begleitet, z. B. als der Unwille von Unternehmerenkeln der dritten Generation, das väterliche Erbe durch Arbeit zu mehren, statt sich von seinen Erträgen in einem Leben freier Beschäftigungen einzurichten. Werner Sombart vermutete das schon: »Durch alle italienischen Kaufmannsbücher geht das Sehnen nach einem ruhigen Leben in der Villa, die deutsche Renaissance hat denselben Zug, die Geschäftsleute zu feudalisieren, und diesen Zug treffen wir unverändert noch an in den Gewohnheiten der englischen Kaufleute im 18. Jahrhundert. Das Rentnerideal scheint uns also . . . als ein gemeinsames Merkmal frühkapitalistischer Wirtschaftsgesinnung.« Über die Villa, das freizeitliche Wohnideal der Literaten und Bürger in der Renaissance, schreibt der Soziologe Alfred von Martin: »Nun ist der erwerbstätige Bürger saturiert und der Humanist zum Litteraten geworden, und man begegnet sich wieder procul negotiis, fern vom pulsierenden Leben, abseits der tätigen Welt, der Welt der Geschäfte und der Staatsgeschäfte: in der Stille einer ländlichen Muße – auf der ›Villa‹, die das Symbol der nunmehrigen inneren Haltung ist. Der Sinn des Lebens, das heißt die Sinngebung, ist aus der Arbeit in die Freizeit verlegt.«

Auch der Sozialismus orientierte sich zu Beginn am Ideal eines der Muße gewidmeten Lebens. Das gilt besonders für seine schärfste Form, den Kommunismus. Marx stellte sich die klassenlose Gesellschaft als eine Vereinigung von Menschen vor, die wie die englische gentry der Muße lebt. Sein Schwiegersohn Paul Lafargue pries ›Das Recht auf Faulheit‹ und wetterte in diesem kuriosen Buch schon zur Zeit des größten proletarischen Elends gegen abendländische Arbeitswut: »Will man in unserem zivilisierten Europa noch eine Spur der ursprünglichen Schönheit des Menschen finden, so muß man zu den Nationen gehen, bei denen das ökonomische Vorurteil den Haß wider die Arbeit noch nicht ausgerottet hat. Spanien, das jetzt allerdings auch aus der Art schlägt, darf sich noch rühmen, weniger Fabriken zu besitzen, als wir Gefängnisse und Kasernen; aber des Künstlers Auge weilt bewundernd auf dem kühnen kastanienbraunen, gleich Stahl elastischen Andalusier; und unser Herz schlägt höher, wenn wir den in seiner durchlöcherten ›cappa‹ majestätisch drapierten Bettler einen Herzog von Ossuna mit ›amigo‹ (Freund) traktieren hören. Für den Spanier, in dem das ursprüngliche Tier noch nicht getötet ist, ist die Arbeit die schlimmste Sklaverei.«

Das Verhältnis von Arbeit und Freizeit muß neu überdacht werden. Das wird noch Jahrzehnte in Anspruch nehmen. Dabei muß vor allem die Form von Freizeit berücksichtigt werden, die ungewollt und mit Leid verbunden ist: Arbeitslosigkeit. Es sollte doch möglich sein, aus dieser Not eine Tugend zu machen, zum Glück des einzelnen Betroffenen und der gesamten Gesellschaft.

Eine neue Sicht der Dinge verlangt vor allem eine Umorientierung im Blick auf die finanzielle Seite des Problems. Arbeit schafft Geld, Freizeit kostet Geld: Diese Devise wird sich in Zukunft nicht halten lassen. Hartmut von Hentig kritisiert unsere Schule als schlimme Quelle dieser falschen Einstellung: »Daß uns die Arbeit ausgehe, ist ein ebenso wirksames wie unbedachtes Schlagwort. In Wahrheit geht uns die bezahlte Erwerbstätigkeit aus und weder die private Mühe noch der notwendige Dienst für die Gemeinschaft. Die Schule formt die falsche Einteilung für das spätere Leben vor und baut sie gleichzeitig diesem nach: Erlaubtes Spiel und geschuldete ›Lernarbeit‹, – das entspricht der erholenden Freiheit und dem anstrengenden, unentrinnbaren Beruf.«

Viel soziale Phantasie wird nötig sein, um die Widersprüche von Arbeitsleid und Arbeitslosenelend, von unbezahlter Hausfrauenarbeit und steuerfreier Schwarzarbeit, von unentgeltlichen Ehrenämtern und doppelt bezahlten Überstunden zu lösen. Nur reiche Gesellschaften wie die unsere können nach einer glückhafteren Verteilung und Verbindung der bisher so scharf getrennten Bereiche Arbeit und Freizeit suchen.

Glück durch Freiheit

Freiheit sei des Glückes Unterpfand, behauptet unsere Nationalhymne. Was damit gemeint ist, hat Montesquieu so ausgedrückt: »Die Freiheit ist ein Gut, das alle anderen Güter zu genießen erlaubt.«

Freiheit ist also selber kein Glück, sondern ein Unterpfand und eine Bedingung dafür. Der ursprüngliche Wortsinn von Freiheit zeigt, warum. ›Freiheit‹ ist die im Laufe der Jahrhunderte sprachlich zusammengeschnurrte Fassung von ›Freihalsigkeit‹. Wer seinen Hals nicht unter ein Joch beugen muß, keine Lasten zu tragen hat und ohne Ketten geht, kann seinen Kopf hoch tragen, den Blick auf freigewählte Ziele richten und seine Schritte lenken, wohin er will. Der Unfreie ist nicht Herr seiner selbst, sondern Knecht eines anderen, der ihm seinen Willen aufzwingt. Das ist wichtig: Nur wo Zwang im Spiel ist, wird Freiheit bedroht. Dienen schafft nicht als solches schon Unfreiheit. Fremdbestimmung wird vielfach bejaht und kann Quelle von Glück sein, aber Zwang weckt den Willen zur Befreiung: Emanzipation.

Lang ist die Kette der Befreiungen von leidvoller Unterdrückung: Emanzipationen aus Sklaverei und Leibeigenschaft, Standes- und Klassenschranken, Religions- und Rassenherrschaft, Patriarchat und Paternalismus. Unerschöpflich die Gründe für erzwungene Fremdherrschaft, unzählig die Strategien, sich von ihr zu befreien. Meist war Gegenmacht nötig, selten siegte schon die Idee: vom Unrecht der Vormundschaft, vom Anspruch auf Gleichheit.

Aber keine Befreiung geschah ohne vorgängige Idee von Freiheit. Hegel hat die gesamte Geschichte der Menschheit als eine Entwicklung von Emanzipationen gefaßt. ›Fortschritt im Bewußtsein der Freiheit‹ sei das Gesetz der Weltgeschichte. Im alten China sei nur einer, nämlich der Kaiser, frei gewesen, in der griechisch-römischen Welt habe sich der Freiheitsgedanke auf eine republikanische Aristokratie erweitert. Das Christentum habe die Menschen jedenfalls als Kinder Gottes einander gleichgestellt. Die Reformation habe diese Idee durch die Emanzipation vom priesterlichen Mittler radikalisiert. Die Französische Revolution bedeutete den Beginn politischer Gleichheit.

Hegels Universalgeschichte am Leitfaden der Freiheit hatte allerdings einen Schöhnheitsfehler: Sie endete in seiner Gegenwart und mit den politischen Zuständen des preußischen Staates. Damit wollte sich sein Schüler Karl Marx nicht abfinden. Für ihn stand die wahre Emanzipation des Menschen noch aus und der eigentliche Kampf noch bevor. Die klassenlose Gesellschaft sollte alle Emanzipationen (der Lohnabhängigen, der Juden, der Frauen, der Farbigen und aller anderen) in einer einzigen Emanzipation ›des Menschen‹ zusammenfassen.

Schon vor Marx gab es diese Idee einer Freiheit im Singular generalis. »Der Mensch ist von Natur frei und doch überall in Ketten«, schrieb Rousseau. Er verband die Vorstellung einer allgemeinen Freiheit mit der Rückkehr in Verhältnisse, die durch Zivilisation verlorengegangen seien. Immer wieder taucht dieser Gedanke der Rückkehr zum wahren Menschen auf, im Kampf gegen geschichtliche Verbiegungen. Ernst Bloch begriff die Hoffnung auf Freiheit als Heimweh nach der heilen Kindheit des Menschen.

Solches Freiheitsglück wäre buchstäblich wunschlos. Freiheit würde nicht mehr begrenzt, weder durch einen Willen, der dem meinen entgegensteht, noch durch das zweite große Hindernis, den Mangel. Herrschaft und Mangel ergänzen sich in ihrer freiheitbedrohenden Wirkung und haben es stets getan. Mangel erzeugt Herrschaft: als Notwendigkeit seiner Verteilung und Verwaltung. Umgekehrt kann sich Herrschaft, die bedroht ist, durch künstliche Verknappung von Gütern rechtfertigen: Die Angst vor Hunger und Gewalt wird Herrschaft stets als das geringere Übel erscheinen lassen.

Wer herrscht, teilt zu, und mehr, er entscheidet darüber, welche Bedürfnisse einer zu haben hat: ›Jedem das Seine‹, das war die Maxime ständischer Bedürfniszuweisung. Die politische Klasse des Adels entschied darüber, welche Ansprüche die von ihm abhängigen Stände haben durften. Kleider- und Schmuckordnungen waren Ausdruck dieser Definitionsmacht. Der Ständeordnung entsprach das theologische und philosophische Menschenbild. Die Bauern galten nicht nur für ungebildet, sondern für ›von Natur‹ feinerer Gedanken und Genüsse nicht fähig. Das von ihnen erreichbare Lebensglück war von prinzipiell anderer Art als das des Adels, der ein Leben der Muße, der Repräsentation und des Geschmacks führte, wiederum ›von Natur‹. Diese Bedürfnisartikulation und Bedürfnisbefriedigung bestimmten Jahrtausende menschlicher Geschichte.

Dann gab es Kritik, und ein neues Motto kam auf: ›Jedem nach seiner Leistung.‹ Hinter dieser Maxime steckt die revolutionäre Vermutung prinzipieller Gleichheit der Menschen in bezug auf die Möglichkeit, ihr Glück zu finden. Die gedankliche Munition für diesen Aufstand lieferte eine bürgerliche Idee, die Descartes so formulierte: »Nichts in der Welt ist gleichmäßiger unter den Menschen verteilt als der gesunde Verstand!« Bis heute gründen sich alle Emanzipationsbewegungen auf diese Vermutung. Nur so kann man erwarten, daß Menschen im Blick auf die von ihnen erstrebten Glücksgüter sich nicht so sehr unterscheiden, wie es die feudale Glücksmaxime ›Jedem das Seine‹ nahelegt.

Es gibt noch eine dritte Maxime zur Artikulation und Befriedigung von Bedürfnissen: ›Jedem nach seinen Bedürfnissen.‹ Diese kommunistische Regel ist bisher in keiner Gesellschaft beherzigt worden. Es sieht auch nicht so aus, als ob sie je den durchgängigen Gesichtspunkt von Wirtschafts- und Sozialpolitik liefern würde. Marx hatte selbst gesagt, diese Maxime setze zusammen mit der klassenlosen Gesellschaft ein hohes Niveau wirtschaftlichen Reichtums voraus. Immerhin akzeptieren nicht nur die sozialistischen, sondern auch die kapitalistischen Gesellschaften die Geltung gewisser Grundbedürfnisse, denen der Staat Rechnung tragen muß, wenn er die Würde des Menschen nicht verletzen will.

Der Staat und die menschlichen Bedürfnisse: Politik hat über sie mit dem Glück zu tun. Sie hatte es schon lange, bevor der Liberalismus das Glück des Menschen ausdrücklich zum politischen Prinzip erhob: pursuit of happiness.

Alle Staatsphilosophen haben die Frage nach der besten Verfassung stets auch unter dem Gesichtspunkt des Glückes der Untertanen oder der Bürger reflektiert. Natürlich schrieben sie nie im sozial luftleeren Raum, sondern häufig im Dienste der Macht, die sie bezahlte. Das gilt bis heute. Ideologien sind im Spiel, und man muß auf der Hut sein. Trotzdem, die Frage nach dem Verhältnis von Politik und Glück ist unabweisbar, und es gibt klassische Versuchsanordnungen. Hier sind zwei:

Im 5. Jahrhundert vor Christus pries der athenische Staatsmann Perikles in einer großen Rede die Vorzüge der politischen Kultur seines Staates. Gesichtspunkt dafür war das Glück der Bürger, und zwar im Vergleich zum Lebensgefühl im benachbarten Sparta. Der Militärstaat Sparta war das Preußen der damaligen Zeit. Die wichtigsten Sätze dieser stolzen Selbstdarstellung lauten:

». . . Diese Verfassung trägt den Namen Demokratie, weil die Staatsgewalt nicht bei einigen wenigen, sondern beim Volk ruht. Bei privaten Streitigkeiten gelten für alle die gleichen Gesetze. Das bürgerliche Ansehen hängt von den Verdiensten des Betreffenden ab und nicht von seiner Klasse . . .

Wir bieten dem Gemüt oft Erholungen von den Mühen des Alltags durch Kampfspiele, feierliche Opfer und schöne Einrichtung unserer Wohnung. Diese täglichen Freuden vertreiben die trüben Gedanken. Weil unsere Stadt so groß ist, strömt alles von der ganzen Erde dort zusammen. Und wir genießen die Erzeugnisse unseres eigenen Landes nicht anders als die fremder Länder . . .

Wir bieten jedem den Genuß unserer Stadt und hindern keinen etwa durch Ausweisung daran, bestimmte Dinge zu erfahren oder zu sehen. Wir fürchten nicht, ein heimlich beobachtender Feind könnte Nutzen daraus ziehen. Nicht auf eine besondere Handlungsweise oder List vertrauen wir, sondern auf den Mut, mit dem wir an die Dinge herantreten. Unsere Feinde bemühen sich, ihre Jugend durch langwierige Übungen von Kindheit an zur Tapferkeit zu erziehen. Wir begegnen den gleichen Gefahren mit gleichem Mut, aber bei einer zwanglosen Lebensweise.«

Freiheit als Unterpfand des Glückes, das ist der Grundgedanke dieser klassischen Rede. Dem Zwangsstaat Sparta gegenüber reklamiert Perikles die beiden Freiheiten, die Rechtsstaat und Demokratie bis heute begründen: Freiheit der Privatsphäre und Freiheit zu politischer Mitgestaltung. Beide Freiheiten gehören zusammen und bedingen einander. Wer seinen Nacken nicht beugen will, kann sich mit der Freiheit der Privatsphäre nicht begnügen, sondern er muß die Freiheit haben, auf die politischen Grundentscheidungen des Gemeinwesens Einfluß zu nehmen.

Das deutsche Bürgertum kannte bis in den Ersten Weltkrieg hinein nur *eine* Freiheit. Es pries das Glück im Winkel und sang »Die Gedanken sind frei«. Das Glück politischer Freiheit war ihm versagt. Diese Frustration warf ihren Schatten auf alle ›Reiche‹, die dem deutschen Bürgertum zur freien Gestaltung blieben, die ›Welt‹ der Philosophie, der Musik, der Natur, der ekstatischen Liebe, der Familie und was der ›Innerlichkeiten‹ mehr waren. Glück – gewiß, aber eines im Winkel, und stets von Melancholie überschattet.

Der erste Staat, der das Glück seiner Untertanen ausdrücklich in sein politisches Programm geschrieben hatte, war der Absolutismus. Er nannte es Wohlfahrt. Aufgeklärte Monarchen wie Friedrich II. oder Österreichs Joseph II. taten einiges, um den Lebensstandard ihres Volkes zu erhöhen, das Gesundheitswesen zu verbessern, den Bildungsstand zu heben, die Wirtschaft zu beleben. Sie refomierten die Strafjustiz, gaben Religionsfreiheit: alles im Horizont einer Philosophie des Glücks, wie sie die Aufklärung den Fürsten als Richtschnur ihrer Politik empfahl. Aber so aufgeklärt sich die Monarchen gaben, ihre Glückspolitik blieb absolute Herrschaft. Die Revolution dagegen stritt für ein neues Glücksideal: politische Selbstbestimmung.

Ihr Programm, der Liberalismus, verband zwei Glücksphilosophien in einer Versuchsanordnung, die der bisherigen politischen Ethik ins Gesicht schlug: Rücksichtsloses individuelles Glücksstreben sollte gleichzeitig die Quelle öffentlicher Wohlfahrt und dessen sein, was man ›das größte Glück der größten Zahl‹ nannte. Anschaulich

94

machte diese unglaubliche und aller christlichen Moral widersprechende Glückstheorie der Sozialphilosoph Mandeville mit seiner berühmten ›Bienenfabel‹ (1714). Ihr Untertitel treibt den Widerspruch zur herkömmlichen politischen Ethik zynisch heraus: »Private Laster, öffentliche Vorteile!«

Dabei befand sich Mandeville in der Auffassung dessen, was das Glück der Nation ausmacht, durchaus in Übereinstimmung mit der Tradition: »Nationale Glückseligkeit besteht in Reichtum und Macht, Ruhm und weltlicher Größe; darin, daß man im Inneren in Bequemlichkeit, Überfluß und Glanz lebt, und nach außen hin gefürchtet, hofiert und geachtet wird.« Aber anstatt als Quelle für das Glück des Vaterlandes an die Selbstlosigkeit und den Opferwillen des Bürgers zu appellieren, nennt Mandeville die Selbstsucht als den verläßlichsten Garanten öffentlicher Wohlfahrt: »Habgier, Verschwendung, Stolz, Neid, Ehrgeiz und andere Laster« sind es, die eine Volkswirtschaft in Gang bringen und einen Staat mächtig machen. Ohne Habsucht kein Kapital, ohne Verschwendungssucht keine Warenproduktion, ohne Bereicherungsstrategien kein Handel. Umgekehrt führen alle christlichen Tugenden, besonders Bescheidenheit und Barmherzigkeit, zum ökonomischen Zusammenbruch und zur Verelendung.

Diese zynische Glücksphilosophie hat ungeheure Kräfte entbunden und vermutlich viele Glücksquellen erschlossen. Vor allem hat sie zum ersten Mal Staat und Individuum in ein neuartiges Verhältnis gebracht, das wir seither für human halten: Der Staat dient dem Menschen, nicht umgekehrt. Individuelles Glücksstreben wird als Motor nicht nur des persönlichen, sondern auch des politischen Lebens ausdrücklich anerkannt. Der erste Artikel unserer Verfassung rückt den Staat nachdrücklich in den zweiten Rang, als Schützer der Würde des Menschen. Bisher hatte in Deutschland die Würde des Staates Vorrang.

Als gesellschaftliche Glückstheorie offenbarte der Liberalismus jedoch bald auch Schattenseiten: Verarmung großer Bevölkerungsteile, Proletarisierung, Klassengesellschaft. Das größte Glück der größten Zahl war zunächst nicht in Sicht, statt dessen Massen von Menschen, die ›nichts zu verlieren hatten als ihre Ketten‹. Das Gewinnstreben reichte als einziger Motor für eine glückliche Gesellschaft nicht aus, sondern bedurfte der Ergänzung durch soziale Maximen.

Mit dem Sozialismus begann der große Disput zwischen Freiheit und Gleichheit als den beiden politischen Glücksprinzipien. Bis heute wird nach einer bekömmlichen Verbindung zwischen ihnen gesucht. Zunächst antwortete das politische Glücksprinzip Gleichheit dem der Freiheit in der Form einer radikalen Antithese. Ihr theoretischer Verkünder war Jean-Jacques Rousseau, ihr erster politischer Experimentator Maximilien de Robespierre.

Wie der Liberalismus will auch die Theorie der totalen Demokratie beides in einem liefern: das Glück des Individuums und das Glück der Gesellschaft. Jetzt soll Gleichheit es stiften. Im präzisen Gegensatz zu Mandeville soll das Glück nicht durch Selbstsucht, sondern durch Gemeinschaftssinn der Bürger entstehen. Robespierre rief 1794 vor dem Nationalkonvent emphatisch aus: »Wir wollen eine Ordnung der Dinge, die keine niedrigen . . . Triebe kennt, die alle . . . guten Leidenschaften zum Gesetz erhebt . . . Wir wollen in unserem Lande Selbstsucht durch Sittlichkeit ersetzen.«

Diese tugendhaften Grundsätze führten Robespierre mit Notwendigkeit zur Guillotine, und dies in doppeltem Sinne: zuerst zu ihrem Gebrauch und schließlich selbst unter ihr Fallbeil. Je ernsthafter er sein moralisches

Verfassungsprojekt verfolgte, desto häufiger mußte er zu diesem Skalpell greifen, das alle krankhaften, egoistischen Teile aus dem Volkskörper heraustrennen sollte. Schließlich verlor das Volk den Glauben an solche Glückspraxis und schickte Robespierre selbst aufs Schafott.

Der bis heute wirksamste Nachfolger dieser politischen Glückstheorie durch Gleichheit ist der Kommunismus. Im Parteiprogramm der KPdSU von 1961, das inzwischen durch ein neues abgelöst ist, stehen Sätze, die von Robespierre stammen könnten: »Die Kommunisten ... stellen den verderbten egoistischen Ansichten und Sitten der alten Welt die kommunistische Moral entgegen ... Die einfachen Normen der Sittlichkeit ... werden im Kommunismus zu unumstößlichen Lebensregeln für die Beziehungen zwischen den einzelnen Menschen wie auch für die Beziehungen zwischen den Völkern. Zur kommunistischen Moral gehören die allgemeinen menschlichen moralischen Normen ... Ehrlichkeit und Wahrheitsliebe, sittliche Sauberkeit, Schlichtheit und Bescheidenheit im gesellschaftlichen wie im persönlichen Leben ... Während des Überganges zum Kommunismus ergeben sich immer mehr Möglichkeiten, einen neuen Menschen zu erziehen, der geistigen Reichtum, moralische Sauberkeit und körperliche Vollkommenheit harmonisch in sich vereint.«

Man wird nicht leugnen wollen, daß dies das Bild einer glücklichen Menschheit ist. Daß es sich je verwirklichen läßt, glaubt heute auch in den sozialistischen Ländern niemand mehr. Im Gegenteil, die neuerlich eingeleiteten Liberalisierungstendenzen führen nicht nur nach westlichem Urteil zu mehr Humanität. Zu ihnen gehört das Eingeständnis und Zugeständnis einer ganzen Reihe menschlicher Egoismen.

Weder radikale Freiheit noch radikale Gleichheit also führt offenbar zu politisch glücklichen Verhältnissen.

Auch läßt sich nicht alternativ entscheiden, ob und wo das Gemeinwohl oder der persönliche Eigennutz den Vorrang haben soll. Liberalismus und totale Demokratie hatten zu einseitige Behauptungen aufgestellt: Der Egoismus des einzelnen werde zur allgemeinen Wohlfahrt führen, und umgekehrt, die ausschließliche Orientierung am Gemeinwohl werde den einzelnen glücklich machen. So geht es nicht. Die Verschränkung von Gesellschaft und Individuum ist komplizierter, und entsprechend schwierig ist die Frage, in welcher Weise Politik das Glück des einzelnen befördern kann.

Diese Frage ist im Laufe der letzten dreihundert Jahre immer dringlicher geworden. Über Jahrtausende war die Politik dem Individuum weit entrückt. Sie wurde wie das Wetter erfahren: unberechenbar und unbeeinflußbar. Welcher König gerade auf dem Thron saß, welches politische Regime ein anderes ablöste, das hatte fast keine Auswirkungen auf die Lebensumstände des einzelnen und seiner Familie, seines Dorfes. Selbst Krieg und Frieden wurden wie das Wetter erfahren. Man bestellte seine Felder und lebte sein Leben, stöhnte allenfalls über eine höhere Steuerlast. Glück und Unglück hatten andere Quellen als die Politik: Sommer und Winter, Frost und Hitze, Arbeit und Muße, Jugend und Alter, Krankheit und Gesundheit.

Das änderte sich in dem Maße, in dem der Staat den Zugriff auf den Bürger verstärkte, dadurch aber auch auf seine Mitarbeit und politische Folgebereitschaft angewiesen war. Heute haben wir es fast mit einer Umkehrung der anfänglichen Situation zu tun: Erfuhren die Menschen früher die Politik wie das Wetter, so können wir uns heute leicht eine Situation vorstellen, in der sogar das Wetter noch von der Politik abhängt. Jedenfalls erleben wir, daß die persönlichsten Lebensumstände von der Politik beeinflußt sind. Gesundheit hat lange aufgehört, eine natürliche Realität und nur ein persönliches Schicksal zu sein. Sie wird von der Bevölkerung auch längst in ihrer politischen Qualität wahrgenommen. Man weiß von Zusammenhängen zwischen ökologischen Bedingungen und der Häufigkeit bestimmter Krankheiten, zwischen ökonomischem Entwicklungsstand und Lebenserwartung. Wenn immer Gesundheit zum Glück der Menschen beiträgt – und sie tut dies nach Meinungsumfragen zu einem sehr hohen Anteil –, dann zeigt sich hier ein deutlicher Zusammenhang von individuellem Glück und Politik.

Wenn das Lebensschicksal des einzelnen also immer stärker von politischen Rahmenbedingungen abhängig ist, scheint es logisch, den Staat mit stärkerer Verantwortung für die Lebensqualität seiner Bürger zu belasten. Das tut der moderne Sozialstaat. Wie weit solche Vorsorge und Verantwortung gehen soll, darüber streiten die politischen Parteien. Fürchten die Konservativen, eine ›Gesellschaft der Verantwortungslosen‹ führe zu Faulheit und moralischem Verfall, so meinen die Progressiven, eine der wichtigsten Freiheiten sei die Freiheit von Angst, und die Absicherung gegen Grundrisiken gehöre zu den sozialen Pflichten des Staates. Die Folgen von Arbeitslosigkeit oder schlechtem Gesundheitszustand z. B. dürften nicht mehr allein der Person als von ihr zu verantwortendes Lebensschicksal zugerechnet werden.

Der moderne Wohlfahrtsstaat liefert für das Thema Glück neuen Diskussionsstoff. Schränkt die Fürsorge und Vorsorge des Sozialstaats die individuelle Freiheit ein, oder ist das soziale Netz, aus dem niemand herausfallen soll, im Gegenteil die Bedingung individueller Freiheit? Das Problem ist verwickelt und jedenfalls schwieriger, als es das Bild von den zwei Waagschalen nahelegt. Danach soll die Freiheitsschale sinken, wenn die Gleichheitsschale steigt, und umgekehrt. Das Bild ist verführerisch, aber falsch. Zunächst muß man deutlich feststellen, daß das Gegenteil von Gleichheit nicht Freiheit, sondern Ungleichheit ist und daß der Gegensatz zu Freiheit Unfreiheit bleibt.

Das meinen auch die Bürger der meisten Demokratien Europas. In empirischen Umfragen halten sie »beides für gleich wichtig«. Dies Urteil ist vernünftig, und ihm ist nichts hinzuzusetzen.

Aber die Meinungsforscher gaben keine Ruhe und zwangen in Umfragen die Bevölkerungen zu einer Entscheidung zwischen beiden politischen Werten. Was herauskam, wies vor allem auf Spuren der Politikgeschichte des jeweiligen Landes. Briten und Amerikaner sprachen sich zu etwa zwei Dritteln zugunsten der Freiheit aus. Dies Urteil teilten sogar die sozial schlechter gestellten Bürger in beiden Ländern. In Spanien und Italien gab man der Gleichheit gegenüber der Freiheit den Vorzug. Die Westdeutschen halten sich im europäischen Durchschnitt: die Hälfte für die Freiheit und ein Drittel für die Gleichheit. Interessant und für unsere politikgeschichtliche Unsicherheit in diesem Punkte bezeichnend ist die Tatsache, daß 16 % der Bundesbürger sich zwischen Gleichheit und Freiheit nicht entscheiden wollten. Immerhin sehen 40 % der Westdeutschen einen Zusammenhang zwischen Freiheit und materiell günstigen Bedingungen, wenn sie meinen, in der persönlichen Freiheit zuweilen durch ihre finanziellen Verhältnisse eingeschränkt zu sein.

Vernünftiger als eine in der Sache unsinnige Entscheidung für Freiheit oder Gleichheit sind Umfragen im Blick auf das Gefühl für soziale Gerechtigkeit. Große Einkommensdifferenzen werden in Westeuropa durchweg als wenig gerechtfertigt empfunden. Das klassenlose Krankenhaus ist akzeptiert. Eine rein leistungsorientierte Entlohnung hält man zunehmend für ungerecht.

Wie stark immer der neokonservative Wind allen ›Egalitätstendenzen‹ ins Gesicht bläst, das Gefühl der Menschen, ihr persönliches Glück hänge in immer stärkerem Maße von einer sozialen Grundsicherung ab, läßt sich nicht mehr zurückdrängen. Auch glauben immer weniger Menschen, daß sehr große Einkommensdifferenzen noch durch entsprechende Leistungsunterschiede zu erklären seien. Der Gleichheitsgedanke prägt zunehmend unser Gerechtigkeitsgefühl und über dieses unsere Vorstellungen von den Bedingungen des Glücks.

Das hatte der hellsichtige Tocqueville bereits vor hundert Jahren erkannt, als er über die neue Humanität der amerikanischen Demokratie schrieb: »Die Gleichheit ist vielleicht weniger erhaben; sie ist aber gerechter, und ihre Gerechtigkeit macht ihre Größe und ihre Schönheit aus ... Es handelt sich nicht mehr darum, die besonderen Vorteile, die die Ungleichheit der gesellschaftlichen Bedingungen den Menschen verschafft, zu bewahren, sondern das neue Gute zu sichern, das ihnen die Gleichheit bieten kann. Unser Ziel kann nicht darin bestehen, unseren Vätern gleich zu werden, sondern wir müssen um die Art von Größe und Glück ringen, die uns angemessen ist.«

Das Thema Glück und Politik gerät heute in eine Phase neuer Thematisierung. Die sogenannten ›systemischen Bedürfnisse‹ Ökologie, Energie, Frieden treten immer stärker ins Bewußtsein. Viele Quellen persönlichen Glücks sind von der Politik abhängig geworden. Sogar für die empirisch gut gesicherte Tatsache, daß Frauen sich auf fast allen Feldern ihres Lebens weniger glücklich fühlen als Männer, gibt es politisch relevante Begründungszusammenhänge.

Nun kann aber der Staat unmöglich für das gesamte Lebensglück seiner Bürger in Anspruch genommen werden. Empirische Untersuchungen aus neuester Zeit lassen vermuten, daß ein wachsender Teil der Bevölkerung das will. Man hat Hoffnungen und Befürchtungen der Westdeutschen untersucht und dabei herausgefunden, daß nicht nur die im engeren Sinne des Wortes politischen Bereiche staatlicher Verantwortung zugeordnet werden, sondern auch sehr persönliche Felder des Glücks in Ehe und Familie, Freundschaft und Nachbarschaft. Dabei zeigte sich eine starke Koppelung von Zukunftspessimismus und politischer Protestneigung: Menschen, die sich von der Zukunft für ihr persönliches Glück wenig versprechen, neigen dazu, den Staat für ihre Misere verantwortlich zu machen. Unter dieser Personengruppe dominieren Alleinstehende und solche ohne konfessionelle Bindung, dazu die besser Ausgebildeten. Dagegen fühlen sich Menschen mit einer optimistischeren Weltsicht für ihr Schicksal selbst verantwortlich. Je weniger einer von der Zukunft für sich persönlich erwartet, desto stärker ist seine Anspruchshaltung gegenüber dem Staat: Der soll dafür sorgen, daß die gesamten Lebensumstände in einem günstigeren Licht erscheinen.

Kein Zweifel, daß der Staat mit solchen Forderungen überlastet ist. Nicht nur, daß er als liberaler Staat sich in die privaten Dinge des Bürgers nicht einmischen darf, sondern er kann unmöglich für das gesamte Lebensglück in Anspruch genommen werden. Wenn man ihn dafür verantwortlich macht, muß die Folge ein ungeheurer Legitimitätsverlust sein. Ohne ein gewisses Maß an Vertrauensvorschuß aber kann der Staat nicht existieren und kleine Durststrecken nicht mehr überstehen.

Angesichts dieser Perspektiven gibt es verschiedene Arten, politisch zu reagieren. Versuchen die einen, wieder zu einer klaren Trennung von Privat und Öffentlich zu kommen, so wollen andere die Forderung nach der Allzuständigkeit des Staates prinzipiell akzeptieren. Verlangen die einen mehr ›Sinnproduktion‹ und also auch Glücksproduktion vom Staat, so erwarten die anderen eine stärkere Zurückhaltung der Politik auf den Feldern persönlicher Sinngebung. Versuchen die einen, Glück wieder stärker in privater Aktivität und Verantwortung zu verankern, und warnen vor der totalen Bevormundung durch den Staat, so rufen andere zur Politisierung von Bereichen auf, die bisher für privat galten, und vermuten überhaupt Glücksquellen in politischer Partizipation.

Schon Aristoteles hatte die Beschäftigung mit Politik zusammen mit der Philosophie an die Spitze derjenigen Tätigkeiten gestellt, die den Menschen besonders zieren. Gesetze erfinden, die Rahmenbedingungen menschlichen Glücks schaffen, das galt ihm soviel wie das Herausfinden der Gesetze, nach denen Planeten umlaufen. Auch bei uns gibt es immer mehr Menschen, die in politischer Tätigkeit selbst Glücksquellen entdecken. Die Zahl der politisch interessierten und aktiven Bürger ist in den westlichen Staaten seit Jahren kontinuierlich gestiegen. Ein Fünftel der Europäer wünscht mehr Mitbestimmung der Bürger bei wichtigen politischen Entscheidungen.

Politische Partizipation bringt Freiheit. Wer sich den Sinn seines Lebens nicht von anderen vorgeben lassen will, muß dafür sorgen, daß er an Entscheidungen mitwirkt, welche die Rahmenbedingungen seiner privaten Existenz betreffen. Man kann an Politik also in doppelter Weise Geschmack finden: einmal, wie Aristoteles meinte, als einer kreativen und ordnenden Tätigkeit an sich selbst, und zweitens als Mittel zur Sicherung und Mehrung von Glücksgütern, die allgemeiner Natur sind.

Die meisten Menschen allerdings räumen der Beschäftigung mit Politik auf ihrer Glücksliste keinen hohen Rang ein. Unter Freizeitaktivitäten schneidet die Politik schlecht ab. Die liberale Demokratie erlaubt solches Desinteresse, im Unterschied zu manchen anderen Regimen. Doch kann sie bei völliger politischer Apathie nicht funktionieren: Wenn am Wahltag jeder Bürger von seinem Verfassungsrecht Gebrauch machte, sich überhaupt nicht für Politik zu interessieren, würde Demokratie nicht stattfinden. Andererseits kann ein dramatisch hohes Maß an politischem Interesse und Partizipationswillen in der Bevölkerung tiefe Unzufriedenheit ankündigen. In Amerika trifft das schon auf eine Wahlbeteiligung von über 75 % zu. Das sagen jedenfalls amerikanische Politikwissenschaftler. Aber solche Urteile gehören bereits selber zum Streit um das richtige Demokratiemodell: Soll man es mit der Elitetheorie halten, nach der das Volk die politischen Führer lediglich alle paar Jahre in ihrem Amt bestätigt oder abberuft und sich im übrigen ihren Entscheidungen beugt wie früher dem König – oder soll man Basisdemokratie auf möglichst vielen Feldern versuchen, mit Volksentscheiden, Bürgerinitiativen, Protestbewegungen? Das Maß an Mitbestimmungswillen schwankt übrigens stark nach den Politikfeldern. Je näher sie der privaten Sphäre kommen, desto stärker zeigen Menschen den Willen, Einfluß zu nehmen. Das gilt besonders für den betrieblichen Bereich.

Vorreiter für mehr betriebliche Mitbestimmung sind heute in Europa die Franzosen, dann folgen die Schweden. Nur knapp 20 % der Franzosen und 30 % der Schweden wollen den Eigentümern von Unternehmungen die alleinige Entscheidungsbefugnis einräumen. Die unternehmerfreundlichsten Nationen sind Britannien, Nordirland und die Bundesrepublik. Aber auch in der Bundesrepublik gibt es einen Trend zu mehr Mitbestimmungsverlangen. Daß mehr Freiheit im Beruf das Wohlbefinden der Menschen fördert, läßt sich heute empirisch belegen: »Frisch und munter« bezeichnen sich frühmorgens die Leute, die über Entscheidungsfreiräume in ihrem Beruf verfügen. Sie gehen gern zur Arbeit und sind seltener krank als Menschen, die in ihrem Beruf eingeschränkter sind. Dem Urteil von Elisabeth Noelle-Neumann kann man deshalb nur zustimmen: »Die Vorstellung, nur Eliten wüßten Freiheit zu schätzen, ist aufzugeben. Menschen aller sozialer Schichten empfinden Möglichkeiten persönlicher Mitwirkung oder Entscheidung als Selbstverwirklichung, als Stärkung, als Lebensqualität.«

Freiheit als des Glückes Unterpfand. In vielen Fällen ist sie nicht ohne Gleichheit zu haben. Während Christa Mewes von der »Entglückung durch das Egalitätsprinzip« spricht, findet es nur noch ein Drittel der Westeuropäer richtig, daß Unternehmer ihre Betriebe selbst leiten, bzw. die Geschäftsführer allein bestimmen. 40% meinen dagegen, Eigentümer und Angestellte sollten gemeinsam die Direktoren auswählen, und 10% sind gar der Ansicht, die Unternehmungen sollten den Mitarbeitern gehören.

Freiheit und Gleichheit sind keine Gegensätze, sondern bedingen einander. Nur unter ›meinesgleichen‹ bin ich frei, und nur in einer von allen für gerecht gehaltenen Gesellschaft gibt es Freiheit von Angst, Neid und Haß, und damit Bedingungen des Glücks: »Einigkeit und Recht und Freiheit sind des Glückes Unterpfand.«

Glück durch Bindung

Der Hauptfeind des Glückes ist die Angst. Auf verschiedenen Wegen hat der Mensch versucht, ihrer Herr zu werden. Einer führte zu Emanzipationen: Befreiung von Naturmächten und Aberglauben, von Fremdbestimmungen durch Sklaverei und Rassentrennung, Klassenherrschaft und Patriarchat. Aber solche Befreiungen nehmen nicht nur Angst; sie machen auch Angst: vor der neuen Lage.

Da wählen viele den umgekehrten Weg. Statt am Alten Wahren zu zweifeln, vertrauen sie auf die Wahrheit der Tradition; statt in den herrschenden Meinungen Fallstricke zu sehen, halten sie sich an geltende Übereinkünfte; statt auf Zukunft zu hoffen, nehmen sie ihre Wertmaßstäbe aus der Herkunft. Statt auf weitere Emanzipationen zu sinnen, begeben sie sich freiwillig in das Joch von Pflichten: eine große Wende von der Freiheit zur Bindung.

Das konservative Glück, oft besungen, heute wird es wieder beschworen. Der bedeutendste konservative Theoretiker unserer Tage ist Arnold Gehlen (1904–1976). Er hat die anspruchsvollste konservative Glücksphilosophie geliefert, und man kann sich Tausende von Seiten anderer Autoren sparen, wenn man seine Bücher studiert. Gehlen verband in seiner Person den Philosophen mit dem Soziologen und Anthropologen. Sein Lebenswerk zeigt die ganze Skala konservativer Interessen: Gegenwartsdiagnostik, Zivilisationskritik, Intellektuellenfeindschaft, globale Evolutionstheorien, eine biologisch orientierte Anthropologie.

Einen Schwerpunkt des Gehlenschen Werkes bildet seine Theorie der Institutionen. In den Institutionen und dem Dienst an ihnen sieht er eine wichtige Quelle menschlichen Glücks. Sie liefern Angstfreiheit und Sicherheit. Institutionen ersetzen dem Menschen die fehlenden Instinkte. Sie stellen das Handeln der Menschen auf Gewohnheit und geben dadurch Handlungssicherheit. Ein Mensch, der in Institutionen eingebunden ist, weiß stets, was er tun soll. Er agiert und reagiert automatisch richtig.

Ein sehr einfaches Beispiel ist das Gruß-Verhalten. Während es früher feste Maßstäbe dafür gab, die von Kind auf eingeübt wurden, herrscht heute Unsicherheit. Soll ich meinen Chef mit ›Guten Morgen, Herr Direktor‹ oder mit ›Hallo, Chef‹ begrüßen? Gibt man sich im Büro die Hand, bei der ersten morgendlichen Begegnung, oder auch beim Abschied bei Dienstschluß? Und in der Familie: Was gilt hier für ›ungehörig‹? Und unter Freunden: Wen küßt man auf den Mund, wen auf beide Wangen, wem gibt man die Hand, wem sagt man ›Guten Tag‹ und wem ›Hallo‹? Man kann hier viel falsch machen und muß jedesmal überlegen, welche Form der Begrüßung wann und wo angemessen ist, um niemanden zu überraschen oder gar zu verletzen. Früher gab es zwar eine sehr viel größere Zahl unterschiedlicher Begrüßungszeremonien. Aber jede einzelne war für Alter, Geschlecht, Stand und Rang genauestens vorgeschrieben, so daß nichts schiefgehen konnte. Das Grußverhalten war ›habitualisiert‹, d. h. in einer Gewohnheit eingeschliffen. Es entlastete deshalb von ›Entscheidungszumutungen‹, wie Gehlen sich ausdrückt. Der Erfolg: soziale Sicherheit und persönliche Angstfreiheit.

Interessant und für das Glück der Menschen von Bedeutung wird es natürlich erst bei Institutionen höheren Ranges, zum Beispiel der Familie, der Ehe, dem Beruf, der Kirche, dem Staate. Wer hier durch ein festes institutionelles Gefüge von Entscheidungszumutungen entlastet ist, kann Glück finden: weil er nicht im unklaren über seine Rolle ist. Die Institutionen nehmen ihm die Antwort auf die Lebensfragen ›Wer bin ich?‹, ›Was soll ich tun?‹, ›Wozu bin ich da?‹ ab. Er ist solchen Sinnfragen enthoben und deshalb glücklich. Gehlen jedenfalls nennt ein institutionell fest durchgeformtes Leben glücklich, weil es keine Ohnmachtserfahrungen kennt, keine Melancholie zuläßt, keine Verzweiflung bringt.

Dies alles steht freilich unter einer wichtigen Bedingung: Die entlastende Funktion von Institutionen gelingt nur demjenigen, der sozusagen vergessen hat, daß diese Institution irgendwann einmal von Menschen erfunden wurde und nur eine von vielen möglichen ist. Nur wer glaubt, daß seine Institutionen die einzigen und die einzig wahren, die ›natürlichen‹ oder ›gottgewollten‹ sind, wird ihnen ganz vertrauen und sich, wie Gehlen sagt, von ihnen konsumieren lassen.

Dieser handfeste Ausdruck zeigt den Kern von Gehlens Glückstheorie: Identität durch Entfremdung. Glück existiert nur als Dienst und Hingabe. Es kann nicht direkt angesteuert, ja es darf überhaupt nicht thematisiert werden, man darf nicht ›glücklich sein *wollen*‹, weil sich das Glück nur im Umweg einstellt: Glücklich ist die Mutter, die für ihr Kind sorgt, der Soldat, der für den König in die Schlacht zieht, der Revolutionär, der für die gerechte Gesellschaft kämpft, der Künstler, der sein Werk schafft. Nur wer mit Größerem und Bedeutenderem als sich selbst beschäftigt ist, kann glücklich sein. Nur wer meint, daß das, was er tut, wichtiger als er selbst ist, verfehlt das Glück nicht.

Wer dagegen entschlossen ist, als Person für sich

glücklich zu werden, muß scheitern. Alles Glück, das sich auf das Individuum selbst konzentriert, findet seine Grenzen an dessen Tod. Der Mensch aber will Sinn, Ewigkeit, Transzendenz. Die Kurzatmigkeit und Kurzschlüssigkeit von Glückstheorien, die sich auf die kurze Spanne des eigenen Lebens beschränken, zeigt Gehlen an dem Schicksal von ›Spätkulturen‹: Ekel und Verzweiflung, Neurosen und Selbstmordwellen treten massenhaft auf. Und das ist, was Gehlen uns prophezeit: Die Erde wird sich in ein Irrenhaus verwandeln, erfüllt vom Jammergeschrei geängstigter Individualisten.

Man hat Gehlens Philosophie heroisch genannt, und das ist sie. Der Titel eines seiner Hauptwerke heißt ›Urmensch und Spätkultur‹. Er zeigt Gehlens Orientierung: Der vom Gift des Individualismus nicht angekränkelte Urmensch versteht sein Leben als die Summe seiner Pflichten, als Dienst an der Gemeinschaft. Er fragt nicht nach ›Freiheit‹.

Aber können wir zum Urmenschen zurück? Und wollen wir es? Gehlens Theorie wird gefährlich, wenn man aus ihr radikale Handlungsanweisungen entwickelt: als könne man unsere Gesellschaft auf archaische Strukturen zurückdrehen. Der Faschismus, dem Gehlen zeitweise nahestand, hat das versucht und ist nicht nur politisch, sondern vor allem philosophisch gescheitert. Er rief zu neuem Heroismus auf und wollte den europäischen Nihilismus überwinden.

Das hatte man schon vor ihm versucht. Was dabei herauskam, nannte man ›heroischen Nihilismus‹. Man gestand den Verlust inhaltlicher Verbindlichkeiten ein, beharrte aber desto trotziger auf ›Haltung‹. Kennzeichen des heroischen Nihilismus ist die paradoxe Behauptung, der Inhalt stecke in der Form. Nicht auf das Was komme es an, sondern auf das Daß. In Fontanes ›Stechlin‹ finden sich Sätze, die dies aussprechen: »Eigentlich kommt's

doch immer bloß darauf an, daß einer sagt, dafür sterb'
ich. Und es dann aber auch tut. Für was, ist beinah'
gleich. Daß man überhaupt so was kann, wie sich opfern,
das ist das Große . . .«

Später sollte Ernst Jünger denselben Gedanken so ausdrücken: »Nicht wofür wir kämpfen, ist das Wesentliche,
sondern wie wir kämpfen.«

Form als Ersatz für fehlende Inhalte. Man weiß (und
Gehlen hat den Sinn dafür geschärft), daß Institutionen
eine starke Lebenskraft haben und ihre längst brüchig
gewordenen Inhalte lange überdauern können. Ja, manchmal geht es sogar umgekehrt: Aus Form kann Inhalt werden. Auf die Frage eines Ungläubigen, wie er zum Beten
kommen könne, soll Pascal, ein religiöses Genie, geant-
wortet haben, er solle regelmäßig niederknien, das Beten
käme dann von selbst.

Die Versuchung ist also groß, es angesichts vieler
Glaubenslosigkeiten mit Formen zu versuchen. Das gilt
besonders für Deutschland, das ›Land der Traditionslo-
sigkeit‹ (Helmut Plessner). Nur bei uns konnte es vor
Jahren eine so leidenschaftliche Diskussion über den Wert
oder Unwert sogenannter ›sekundärer Tugenden‹ geben.
Die dritte These des in Rede stehenden Papiers ›Mut zur
Erziehung‹ lautete: »Wir wenden uns gegen den Irrtum,
die Tugenden des Fleißes, der Disziplin und der Ordnung
seien pädagogisch obsolet geworden, weil sie sich als politisch mißbrauchbar erwiesen haben. In Wahrheit sind
diese Tugenden unter allen politischen Umständen nötig.
Denn ihre Nötigkeit ist nicht systemspezifisch, sondern
human begründet.«

Man hat von links eingewandt, mit solchen Tugenden
ließen sich Gaskammern bauen und Juden umbringen.
Tugenden dürften nie für sich selbst, sondern müßten
stets in Anbindung an inhaltliche Ziele gelten. Es heiße
buchstäblich aus der Not eine Tugend machen, wenn

man Gehorsam als die bloße Kraft lehre, sich einzuordnen und auf Widerworte zu verzichten.

Preußen galt als eine politische Kultur solcher sekundärer, abstrakter Moral. Aus Mangel einer eigenen Staatsidee suchte man sein Heil in Formen und Uniformen. Die Bundesrepublik ist zwar nicht mehr militaristisch, aber sie denkt immer noch hoch vom Staate, ohne einer Staatsidee verbunden zu sein. Die konservative Wende sollte vor allem ein stärkeres moralisches Engagement des Staates bringen. Aber die Hoffnung darauf, daß der Staat wieder sittliche Maßstäbe setze, ist in einem Wust von Bestechungs- und Steuerskandalen begraben worden.

Mehr Erfolg haben politische Wendemanöver da, wo ihnen gewisse konservative Tendenzen der Epoche entgegenkommen. Das gilt für die wachsende Bedeutung von Geschichte, Heimat, Vaterland, sogar Religion, sofern mit ihr nicht eine erloschene Predigtkultur gemeint ist. Der Fortschritt hat offenbar ein Tempo erreicht, das uns die Bremserfunktion des Konservatismus schätzen lehrt. Hermann Lübbe hat einmal eine sehr schöne Definition des Konservatismus gegeben, welche dieses Motiv hervorhebt: »Konservativ ist die Kultur der Trauer über die Verluste an unwiederbringlich Gutem, die der Fortschritt kostet.«

»Kultur der Trauer«, das nennt man Nostalgie. Nostalgie kann eine Form von Glück sein. Wenigstens gedanklich und in der Vorstellung beschäftigt man sich mit Zeiten und Umständen, die man für glücklich hält. Man sammelt altes Gerät, Kinderspielzeug, Jugendbücher und andere Anhaltspunkte einer Kultur, die glücklicher zu sein schien als unsere. Man kann weiter gehen und ein altes Haus restaurieren, in eine vom Kriege unzerstörte und von Autostraßen unzerschnittene Stadt ziehen, mit krummen Gassen, Plätzen, kleinen Läden, gemütlichen

Kneipen und schönen Kirchen. Aber das nostalgische Experiment zeigt sogleich seine Schwierigkeiten. Wer nicht in einer Traumwelt leben, sich in sein Haus einschließen und dies nur für Mondscheinspaziergänge verlassen will, wird am politischen und kulturellen Leben seiner Stadt teilnehmen wollen, gerade im Interesse seiner nostalgischen Sehnsucht nach Verwurzelung in Bürgerschaft und Nachbarschaft. Wenn er dies tut, wird er viele seiner nostalgischen Gefühle verlieren, im Kampf mit kleinstädtischer Borniertheit und provinziellem Egoismus. Und bald wird er feststellen, daß es paradoxerweise gerade traditionelle Verfestigungen sind, die modernen Glücksvorstellungen am härtesten engegenstehen. Spätestens dann wird er seine Vorstellungen von der guten alten Zeit revidieren und auf Kompromisse sinnen.

Ähnliche Schwierigkeiten stellen sich bei allen Versuchen ein, Glückserfahrungen vergangener Epochen wiederzubeleben. Was ist Heimat? Die Landschaft, in der ich geboren bin, oder der Ort, wo ich heute meine Freunde finde? Wer nur Vergangenheit beschwört, bringt der Gegenwart nichts und führt der Zukunft keine Kräfte zu. Das gilt auch für die geplanten Museen deutscher Geschichte. Man hat den Eindruck, als ob die politisch stabilisierende Wirkung im Vordergrund des Interesses ihrer Gründer steht. Das war stets eine konservative Versuchung: aus geschichtlicher Vergangenheit diejenigen Werte und Normen auszuwählen, welche gegenwärtigen Zielen dienen können.

Deutlich zeigte sich diese rein funktionale Beanspruchung von Kulturgütern immer im Falle der Religion. Konservative Wiederbelebungsversuche waren weniger an Theologie als an Institutionen interessiert: ›Religion der Väter‹. Heute will diese Vertauschung von Ursache und Wirkung nicht mehr gelingen. Die sinnstiftende und integrative Funktion der Religion konnte nur in einer theologisch überformten Kultur erwartet werden, nicht aber in unserer, in der gerade die institutionell überkommene Form des Christentums für sehr wenige Menschen lebensbestimmend ist. Nur noch ein Drittel der Deutschen meint, daß die Religion auf die meisten Probleme und Fragen unserer Zeit eine Antwort gibt. Nur noch 5 % lesen häufig in der Bibel, 6 % der Protestanten und ein Fünftel der Katholiken gehen regelmäßig zur Kirche, Großstädter noch weniger. Immerhin nennen sich jüngere Deutsche, die in einem religiösen Elternhaus aufwuchsen, weit eher ›sehr glücklich‹ als ihre Altersgenossen aus nichtreligiösem Milieu.

Konservative Glücksvorstellungen leben von der Bedeutung der Herkunft. Das ist ein uralter Gedanke der Menschheit: Zukünftiges Leben kann nur gelingen, wenn die Verbindung zur Herkunft nicht abreißt. Diese Einsicht beruht auf einem richtigen Kern: Menschliche Kultur gibt es nur als Tradition. Die enge Verbindung von Herkunft und Zukunft gilt stets da, wo die Verhältnisse sich inzwischen nicht ändern: Solange nichts Neues unter der Sonne geschieht, hat der Vater recht, wenn er sich dem neuerungssüchtigen Sohn gegenüber auf seine Erfahrung beruft und ihm prophezeit, er werde ihn einst besser verstehen und seinem Sohn dieselben Lehren erteilen. Tradition garantiert den Bestand des Bewährten.

Konservative haben aus dieser Einsicht eine Regel entwickelt, die Hermann Lübbe etwas umständlich aber genau die ›Beweislastverteilungsregel‹ nennt. Diese Maxime besagt, die Beweislast für Vernunft und Richtigkeit liege stets bei dem Neuen und dem Neuerer, nicht beim Alten und beim Bewahrer. Eine plausible Regel: Der Spatz in der Hand gehört mir, die Taube auf dem Dach ist mir nicht sicher. Alles Neue hat den prinzipiellen Nachteil, daß es nicht ausprobiert ist: der ewige Nachteil der Theorie gegenüber der Praxis, der Möglichkeit gegenüber der Wirklichkeit. Und selbst wenn eine Neuerung in ihrer Wirkung unstrittig eine Besserung brächte, bliebe vor ihrer Einführung immer noch die Frage nach möglichen dysfunktionalen Folgen zu prüfen: Die partielle Verbesserung zugestanden, wie wird die Glücksbilanz im ganzen aussehen? Nichts wird mehr sein wie früher, weil alles sich durch die eine kleine Neuerung ändert. Also Vorsicht!

Das hatte Justus Möser im Sinn, als er gegen Ende des 18. Jahrhunderts dringend vor den Folgen des zu seiner Zeit beginnenden Impfens warnte. Die Konsequenz dieses medizinischen Fortschritts werde der Rückgang der Kindersterblichkeit, damit Hungersnot und am Ende, statt des vermuteten Glücks, mehr Leid sein. Er schrieb ein Feuilleton in Gestalt eines Briefes an eine junge Mutter, die überlegt, ob sie ihr Kind impfen lassen soll:

»Nun, mein liebes Kind! Ich will nichts mehr dagegen sagen; laß Deinem Dutzend Kinderchen je eher je lieber die Blattern geben; alle meine Wünsche stehen Dir dabei zu Dienste, und zwar von ganzem Herzen. Aber siehe auch hernach zu, wie Du Deine acht Mädchen an den Mann bringest. Denn das will ich Dir wohl im voraus sagen, daß kein einziges davon sterben werde; unsere Ärzte verstehen das Ding viel zu gut und sind viel zu glücklich, um Dir auch nur eine einzige Aussteuer zu ersparen.« So brutal die Empfehlung Mösers sich ausnimmt, so wenig inhuman ist sie, wenn man alle Umstände bedenkt und die unerwünschten Folgen einer an sich positiv zu beurteilenden Neuerung in Rechnung stellt.

Heute kann die Beweislastverteilungsregel nicht mehr als verläßliche Maxime gelten. Der Fortschritt hat allen unseren Verhältnissen eine Dynamik gegeben, die es unmöglich macht, die Trennung von Spatz und Taube aufrechtzuerhalten. Was ist wirklich, was ist möglich? Der

Fortschritt hat selber eine Tradition entwickelt, der wir vertrauen müssen, im Interesse unserer Überlebenschancen. Die Erfahrungen der Älteren werden immer weniger wert. Häufig sind die Jüngeren die besser Orientierten, Lebenstüchtigeren, Zukunftssicheren. Und selbst wo wir erhalten oder wiederherstellen wollen, bedürfen wir modernster Methoden dafür. Landschaftsschutz und Rekultivierung fordern dasselbe Maß an Planung wie einst die Ausbeutungsstrategien.

Nicht nur Konservative bedauern diese Entwicklung und fürchten mit Hermann Lübbe, daß vieles von dem, was sich heute als Fortschritt ausgibt, nur noch der Reparatur von Fortschrittsschäden dient. Aber gegen diese Sorge hilft kein Rückgriff auf überholte Unterscheidungen von Theorie und Praxis, Möglichkeit und Wirklichkeit. In einer Welt, die zunehmend vom Menschen reguliert wird, ist ›alles möglich‹ – glücklicherweise auch die Selbstbändigung seines Ausbeutungssinnes zugunsten der Erhaltung von Beständen: aber doch so, daß solche Reste nicht mehr naturwüchsig aus sich heraus leben, sondern ihr Dasein unserer Pflege und also der Planung verdanken.

Trotzdem, auch wenn immer weniger aus der Erfahrung für die Bewältigung unserer Zukunft zu brauchen ist, der Blick zurück lohnt sich: Auf Umwegen läßt sich die eine oder andere Einsicht doch umsetzen. Das gilt zum Beispiel für das Vorbild des *einfachen Lebens*. Wir wissen, daß die überwiegende Mehrzahl unserer Vorfahren in einfacheren Verhältnissen lebten als wir. Das galt für das Maß an allen Arten von Mobilität, für Freundschaft, Familie und Beruf. Der Bekanntenkreis wechselte kaum, die Familien waren stabiler, die Berufsstrukturen festgelegt: traditionelle Lebensweise. Nimmt man noch die religiöse Verankerung und weltanschauliche Gleichgesinntheit hinzu, ergibt sich das Bild einer gewissen

Ruhelage. Sogar gegenüber Katastrophen war man auf eine prinzipielle Weise gefeit. Sie wurden als Schicksal oder Gottes Wille gedeutet, dem man sich zu fügen hatte. Wem diese Existenzform glücklich scheint, der kann sie heutzutage zwar nicht kopieren, aber immerhin sein Leben so einrichten, daß einige Lehren unserer Altvorderen dafür beherzigt werden.

Vermutlich muß es ein gewisses Gleichgewicht zwischen Freiheit und Bindung geben. So zeigen z. B. Gesellschaften, deren Außenbeziehungen riskant sind, besondere Sensibilität in bezug auf die Stabilität ihrer Binnenstrukturen. Die Notwendigkeit eines Gleichgewichts zeigt sich auch im individuellen Seelenhaushalt. Psychologen warnen davor, einen wichtigen Wechsel in seinen Lebensverhältnissen (Ehepartner, Beruf, Wohnsitz, Freundeskreis) mit dem gleichzeitigen Wechsel auf einem anderen Felde zu kombinieren: Wer alle Brücken gleichzeitig abbricht, riskiert seine Identität.

Man kann vormoderne Existenzformen sogar in therapeutischen Dosen kosten. Alle Hochkulturen kennen solche Inseln glücklichen Hinabsteigens in frühere Phasen menschlicher Geschichte. Das Arsenal ist unerschöpflich: befristete mönchische Existenz, eine wochenlange Wanderung durch Lappland, Ferien in einer Almhütte, ein Segeltörn. Worauf es ankommt, ist ›Reduktion von Komplexität‹, d. h. Vereinfachung der Sinnstrukturen. Wer zu einer wochenlangen Wanderung durch die Tundra aufgebrochen ist, dessen Zwecke verengen sich auf bestimmte, allerdings lebensnotwendige Gesichtspunkte. Das tut wohl und kann Quelle von Glück sein.

Konservative sind stets findig im Aufsuchen solcher einfachen, aber kräftigen Lebensfreuden gewesen. Immer wieder hat man die Gartenlust besungen: als Quelle unendlichen Glücks. Der *Garten* ist eine künstlich reduzierte Sinneinheit, welche die Illusion von Ganzheit vermittelt. Auch eine *Sammlung* liefert diese glückliche Illusion vorstellbarer Vollständigkeit. Einerlei, worauf sich der Sammeleifer spezialisiert, auf Schnupftabaksdosen, Briefmarken oder Worpsweder Maler: Die Vorstellung, mit der Komplettierung einer sinnhaften Einheit beschäftigt zu sein, beglückt. Ähnliches gilt von der *Kunst*. Auch sie liefert die Illusion einer eigenen Welt, vor deren Realität alles andere versinkt.

Dies gilt auch vom *Spiel*. Immer waren es Konservative, die seinen Sinn auslegten und ganze Philosophien darüber entwickelten. Das Spiel liefert eine festumrissene Sinneinheit, innerhalb derer sich die Teilnehmer bewegen. Für seine Dauer fordert es das volle Interesse. Wer nur mit halbem Herzen dabei ist oder nicht gewinnen will, verdirbt das Spiel.

›So ihr nicht werdet wie die Kinder . . .‹ *Kinder* haben Begabung zum Glück. Wieder sind es die kürzerfristigen Sinneinheiten, welche Paradiese schaffen, die den Erwachsenen verschlossen, weil überschattet von größeren Sinnsystemen sind. Ein Kind vergißt sich und seine Welt in Lockungen, Einfällen und Aufgaben, die es jeweils voll ausfüllen und in denen es Genüge und Erfüllung finden kann. Es steht nie vor der fatalen Aufgabe von Sinn›stiftung‹ und kennt die schlimmste Plage der Menschheit, die Sorge, nicht. Erwachsene überblicken weitere Zeitspannen, sehen auf das Ende. Sie wissen ihr Leben als ein ›Sein zum Tode‹. Im 2. Teil des ›Faust‹ läßt Goethe die Sorge sprechen:

»Wen ich einmal mir besitze,
Dem ist alle Welt nichts nütze:
Ewiges Düstre steigt herunter,
Sonne geht nicht auf noch unter,
Bei vollkommen äußern Sinnen

Wohnen Finsternisse drinnen,
Und er weiß von allen Schätzen
Sich nicht in Besitz zu setzen.
Glück und Unglück wird zur Grille,
Er verhungert in der Fülle,
Sei es Wonne, sei es Plage,
Schiebt ers zu dem andern Tage,
Ist der Zukunft nur gewärtig,
Und so wird er niemals fertig.«

Auch *Tiere* leben in der Gegenwart. Deshalb kann der
Umgang mit ihnen Glück bedeuten: Man borgt sich etwas von der Sorglosigkeit einer dem Augenblick gehö-
renden Existenz. Die tierische Existenz läßt die Frage
nach Sinn nicht zu. Sie ist selbst Sinn und darin eine
Erinnerung an das Paradies. Albert Camus hat vermutet,
man müsse sich Sisyphos als einen glücklichen Menschen
vorstellen: Zwar plagt er sich mit seinem Stein, aber es ist
sein Stein, seine tägliche Pflicht, sein Lebenssinn.

Glück wäre nach dieser Deutung der Verzicht auf einen
Sinn, der außerhalb des Tuns läge: die kreisförmige Bewegung einer Existenz, die stets das Gleiche tut und vor
Überraschungen sicher ist, reflexionslos, schicksalserge-
ben, von keinem Zweifel angekränkelt.

Das Gegenbild zu dieser Gestalt ist der Intellektuelle.
Mit weitreichenden Perspektiven und maßlosen Ansprüchen fordert er Unmögliches. Gegen ihn richtet sich der
Zorn des Konservativen. Mit seiner Neigung zu ›hinter-
fragen‹ zersetzt der Intellektuelle die letzten Sinneinheiten. Sein Zweifel zerstört jedes Vertrauen in Tradition,
Autorität und Institution. Gehlens Haß gegen die Intellektuellen kannte keine Grenzen.

Aber die intellektuelle Existenz kann auch eine Quelle
von Glückserfahrungen sein. Brecht nannte unter den
Glücksmitteln neben bequemen Schuhen und alter Musik

auch ›die Dialektik‹, und der Physiker Heinz Maier-Leibnitz als seinen Traum vom Glück ›Etwas entdecken‹. Der Akt der Befreiung von Vorurteilen, der Augenblick der Erkenntnis eines bisher nicht vermuteten Zusammenhanges, sogar die Aufdeckung eher fataler Ursachen, alles das kann Glück bedeuten. Was mehr Angst macht oder mehr Angst nimmt, Freiheit oder Bindung, Herkunft oder Zukunft, ist nach Lage der Dinge verschieden.

Man hat immer wieder versucht, die beiden Grundtendenzen Fortschritt und Beharrung zu verteilen: auf Jugend und Alter, auf Mann und Frau, auf Stände und Klassen, Länder und Kontinente, Geschichtsepochen und Kulturkreise. Die Jugend, heißt es, dränge hinaus, habe wenig zu verlieren und alles zu gewinnen, im Unterschied zum Alter, das im Gefühl schwindender Kräfte den Besitz sichern und das Gewohnte behalten will. Schillers Verse empfehlen eine geschlechtsspezifische Rollenteilung:

»Der Mann muß hinaus
Ins feindliche Leben,
Muß wirken und streben
Und pflanzen und schaffen,
Erlisten, erraffen,
Muß wetten und wagen,
Das Glück zu erjagen . . .
Und drinnen waltet
Die züchtige Hausfrau,
Die Mutter der Kinder
Und herrschet weise
Im häuslichen Kreise . . .«

Bauern galten stets als konservativ, zusammen mit dem Adel, Bürger dagegen für neugierig, wissenschaftsorientiert und revolutionär. Das gilt aber doch nur für eine bestimmte Phase der geschichtlichen Entwicklung. Der Kaufmannsstand kennt durchaus Ambivalenzen im Blick auf Fortschritt und Beharrung. Die Wikinger suchten ihr Glück in neuen Horizonten, Rom entwickelte als etablierter Staat Sinn für die Würde des Bestehenden und die Pflicht der Tradition.

Befragt man die Geschichte, ob die fortschrittliche oder die beharrende Tendenz dem Menschen eher gemäß und deshalb glückbringend sei, bleibt man ohne Antwort. Ihre großen Evolutionserfolge verdankt die Menschheit beiden Impulsen, der Neugier und der Fähigkeit, sich auf Dauer einzurichten und Traditionen über Jahrtausende zu halten.

Man kann die Geschichte der Menschheit und ihre Epochen nach eher progressivem oder eher konservativem Zeitgefühl einteilen. Manche sprechen von einem Pendelgesetz der Weltgeschichte: Auf eine Phase des Fortschritts folge eine Phase der Beharrung. Aber das ist unsicher und gilt jedenfalls nicht für das vergangene halbe Jahrtausend europäischer Geschichte. Hier hat man eher das Gefühl einer wachsenden Beschleunigung des Wandels auf allen Gebieten. Seit der Französischen Revolution spricht man geradezu von einem ›Zeitalter der Revolutionen‹. Das bedeutet jedoch nicht, daß konservative Impulse verschwinden, im Gegenteil: Konservative Mahner begleiten diesen Prozeß wachsenden Fortschritts, und ihre Warnungen nehmen den Charakter von Kassandrarufen immer dann an, wenn sie das Gefühl haben, die Zukunftsbesessenheit der Fortschrittsfreunde zerreiße alle Verbindungen zur Herkunft.

Wir leben gegenwärtig in einer solchen Zeit, und es fehlt nicht an Warnungen, das Tempo des Fortschritts werde uns um unser Glück bringen. Einige sind durchaus beherzigenswert. So hat Hermann Lübbe zum Beispiel

Sorge, daß der Satz »Ich verstehe die Welt nicht mehr«, mit dem Friedrich Hebbel ein bürgerliches Trauerspiel beschloß, heute das Trauerspiel der Generationen bezeichnen könnte, die einander immer fremder werden. »Die kulturelle Homogenität der Generationen zerfällt, und die Ungleichzeitigkeit des sozial verbreiteten Wissens nimmt zu.« Die Last dieser Entwicklung haben vor allem die Alten zu tragen. Früher konnten sie ihre physische Schwäche durch soziale Erfahrung kompensieren. »Demgegenüber ist unsere Lage dadurch charakterisiert, daß wir mit dem altersbedingten Schwund unserer Anpassungsfähigkeit jeweils morgen stets ein wenig mehr von gestern sein werden.«

Wer über konservative Glückstheorien urteilen will, muß zunächst prüfen, worum es sich genau handelt: Nostalgie, anachronistische Restaurationsversuche, Beschwörung einzelner Glücksgüter und Tugenden von damals im Dienste politischer Ziele von heute, Warnungen vor Überdrehung des Fortschrittstempos oder Hilfen für die Auffindung von Glücksinseln aus sorgfältiger Beobachtung älterer Lebensweisen. Eine in sich geschlossene Philosophie des Glücks können wir heute vom Konservatismus nicht erwarten, weil er selber zur Moderne und zu ihren Widersprüchen gehört.

Familienglück oder:
Warum sind Frauen weniger glücklich?

Fast 100% der westdeutschen Bürger sind mit ihrer Ehe und mit ihrem Familienleben zufrieden, knapp die Hälfte bezeichnet sich sogar als »hoch zufrieden«. Ein verblüffendes Ergebnis, hatte man die deutsche Familie in den siebziger Jahren doch schon totgesagt: ihrer historischen Funktionen beraubt, am Individualismus ihrer Mitglieder erkrankt, durch Entfremdung zwischen den Generationen erkaltet!

Heute hört man anderes. Die Familie sei der wichtigste ›Regenerationsraum‹ abseits vom beruflichen Streß. Auf den Meßskalen der Glücksforscher rangiert sie als Quelle von Zufriedenheit weit vor ›Beruf‹, ›Lebensstandard‹, ›Freizeit‹.

Aber es gibt Widersprüche. Nur die *eigene* Ehe halten fast alle für »gut« oder »glücklich«; im Blick auf andere Ehen ist man skeptisch. Nicht einmal ein Drittel der Westdeutschen hält die »meisten Ehen in Deutschland« für glücklich, mehr als die Hälfte vermutet Gleichgültigkeit und sogar Unglück bei der Mehrzahl der Ehen in unserem Land. Dieser Widerspruch signalisiert eine ganze Reihe von Ungereimtheiten, auf welche die Glücksforscher im Bereich von Ehe und Familie stoßen:

Einerseits erreicht die Familie auf den Zufriedenheitsskalen sehr hohe Werte, und zwar quer durch die Schicht- und Altersgruppen. Andererseits meinen immer mehr Bürger, auf Ehe und Familie verzichten zu können. Die Zahl der der Singles wächst unaufhörlich, und nur noch ein kleiner Prozentsatz hält die Heirat eines zusammenlebenden Paares für nötig. Selbst unverheiratete Eltern sind für die meisten Westdeutschen kein Schreckensbild mehr. Die Scheidungsquote steigt von Jahr zu Jahr, und man rechnet damit, daß künftig jede vierte oder fünfte Ehe durch Scheidung getrennt wird. Andererseits heiraten die meisten wieder: Nicht die Ehe, sondern der Partner war falsch.

Einerseits bezeichnen fast 90 % der westdeutschen Jugend ihr Verhältnis zu ihren Eltern als gut oder sehr gut. Andererseits sind in keinem anderen Lande die Meinungsunterschiede zwischen den Generationen so groß wie in der Bundesrepublik: Fast auf keinem politischen oder moralischen Feld stimmen die Ansichten der Eltern und Kinder überein. Manche Forscher sprechen geradezu von einer Kluft zwischen Jungen und Alten.

Einerseits wuchs noch keine Generation in Deutschland so frei auf wie die heutige Jugend. Aber gerade diese Jugend macht keinen sehr glücklichen Eindruck.

Einerseits gilt die Familie als Ort gemeinsamer Freizeitaktivitäten. Schaut man genauer hin, entdeckt man allerdings, daß sich die Familie fast nur zum Fernsehen versammelt. Söhne und Töchter im Jugendalter gehen ihre eigenen Wege. Widersprüche über Widersprüche. Bleiben wir zunächst bei der *Jugend:*

Kinder müßten in westdeutschen Familien heute glücklicher sein, als sie für viele Generationen gewesen sind, wenn man folgende Bedingungen für wichtig hält: Nur wenige Eltern halten Schläge für ein geeignetes Mittel der Erziehung; die große Mehrheit der Eltern drückt auch schon mal ein Auge zu, wenn Kinder nicht aufgeräumt haben, bei einer Prüfung mogeln oder in Nachbars Garten Obst klauen; die alten Tugenden wie Höflichkeit, Sparsamkeit und Anstand sind längst nicht mehr die wichtigsten Erziehungsziele; dagegen halten immer mehr

Eltern es für wichtig, daß die Kinder lernen, »sich durchzusetzen, sich nicht so leicht unterkriegen zu lassen«; sogar mitreden dürfen die Kinder heute, zum Beispiel in der Freizeit- und Ferienplanung; jüngere Väter kümmern sich mehr als früher um ihre Kinder und finden auf diese Weise häufig zu einem kameradschaftlichen Verhältnis zu ihnen; eine der wichtigsten Quellen jugendlichen Unglücks, die Angst vor dem Vater, versiegt; Jugendliche genießen nicht nur innerhalb der Familie, sondern auch außerhalb ihrer mehr Freiheit als je zuvor: Sie dürfen viel außer Haus sein, verfügen über ein großzügiges Taschengeld, das ihnen Beweglichkeit und Discobesuche erlaubt. Wenn sie Lehrgeld beziehen oder Ferienjobs machen, haben sie gelegentlich mehr freies Geld als die Eltern. Längst ist die Jugend zu einem wichtigen Adressaten der Werbung auf vielen Gebieten geworden.

Trotzdem macht, wie wir gesehen haben, die westdeutsche Jugend in ihrer Mehrheit keinen zufriedenen Eindruck. ›Verdrossenheit‹ lautet das Urteil, mit dem viele Untersuchungen über Jugendverhalten schließen. Wie immer man diese Studien beurteilen mag, eines scheint unstrittig: Die jungen Menschen sind weniger zufrieden als die älteren Generationen. Zukunftsangst und Depressionen sind verbreitet, die Selbstmordrate bei Kindern und Jugendlichen steigt unaufhörlich. Schon 2 % der 10- bis 11Jährigen trinken 3- bis 4mal die Woche Alkohol, 2 % der 12- bis 14Jährigen sogar jeden Tag. Seit 1980 verzeichnen die Jugendgerichte einen sprunghaften Anstieg der Verfahren gegen Jugendliche. 15 % der Delikte wurden 1985 unter Alkoholeinfluß begangen.

Ursachen für die noch weiter ansteigende Unzufriedenheit unter den jüngeren Westdeutschen vermutet man in politischen und ökonomischen Entwicklungen unseres Landes, die schon in anderen Kapiteln dieses Buches zur Sprache gekommen sind. Hier sollen nur jene Aspekte genannt werden, die in der Familienstruktur selbst gründen:

Obwohl die Jugend so frei zu sein scheint wie niemals zuvor, leidet sie subjektiv unter der Abhängigkeit von ihren Eltern. Der Grund dafür ist vor allem darin zu sehen, daß die jugendliche Lebensphase heute viel länger währt als früher, weil eine gründliche Ausbildung die Kinder länger im Elternhaus festhält. Diese verlängerte Abhängigkeitsphase verbindet sich auf höchst unglückliche Weise mit einer früheren körperlichen und geistigen Reife (Akzeleration). Ein Sechzehnjähriger ist heute in seiner ganzen Entwicklung erwachsener, obwohl er in seiner sozialen Rolle abhängiger ist als früher: Er muß sich immer noch dreinreden lassen, lernen und den Eltern auf der Tasche liegen. Diese paradoxe Situation hält nicht nur für Söhne und Töchter, sondern auch für Eltern Quellen von Ärger und Leid bereit. Die Eltern haben ihre Kinder zwar zu Hause, sehen sie aber kaum. Das Elternhaus wird zum Hotel, die Eltern zu Geldgebern. Die Jugendlichen leiden unter ihrer Abhängigkeit von den Eltern, die sie noch nötig haben, obgleich sie sie im Grunde nicht mehr brauchen. In den Willen zur Selbständigkeit mischt sich Angst, und das Ausweichen vor Konflikten führt zu Anpassung, ja zu Regression: Wenn man schon weiterhin Kind sein muß, will man auch weiterhin wie ein Kind verwöhnt werden.

Jugendforscher sprechen seit einigen Jahren von einem ›Neuen Sozialisationstyp‹, der dazu neige, in einer Traumwelt von Verwöhnungen zu leben. Zwischen Selbstüberschätzung und Selbstunsicherheit schwankend, suche diese Jugend ihr Glück nicht in befreiender Aktivität, sondern in narzißtischer Wehleidigkeit.

Man kennt inzwischen die Theorie dieses jugendlichen Unglücks: Schuld soll die Kleinfamilie in einer vaterlosen Gesellschaft sein. Die verstärkte Mutter-Kind-Bindung führt zu Trennungsängsten auf beiden Seiten. Vor allem Frauen, die sich in ihrer Rolle als Hausfrau und Mutter nicht ausgefüllt fühlen, klammern sich an ihr Kind. Das Kind scheut die notwendigen Schnitte und Schritte zur Selbständigkeit und birgt sich in eine Welt von Verwöhnungen. Aber ganz läßt sich die Realität der Außenwelt nicht abschotten, und so kommt Angst ins Spiel, und mit der Angst weicht das Glück.

Noch widersprüchlicher als die familiäre Situation der jungen Leute ist diejenige der *Frauen*. Die Ambivalenzen gehen tiefer und sorgen dafür, daß sich Frauen in der Bundesrepublik als durchweg weniger glücklich bezeichnen denn Männer. »Das unzufriedene Geschlecht« haben die Lebensqualität-Forscher aus Mannheim und Frankfurt die Frauen genannt, weil sie auf allen Skalen signifikant niedrigere Zufriedenheitswerte aufweisen als Männer. Stichworte für diese Unzufriedenheit sind höhere Arbeitsbelastung, weniger Anerkennung und Selbstwertgefühl, Diskriminierung.

Frauen leisten in der Familie weit mehr Arbeit als ihre männlichen Partner. Ist sie ›nur‹ im Hause, arbeitet die westdeutsche Frau mit zwei Kindern zwischen 50 und 60 Stunden die Woche. Kommt ein Halbtagsjob dazu, bringt sie es leicht auf 80 Arbeitsstunden in der Woche. Angesichts dieser Leistung sei die Mißachtung der Hausfrau »skandalös und schreie zum Himmel«, fand jüngst der Arbeitswissenschaftler Kurt Landau vom Institut der Haushalts- und Konsumökonomie der Universität Hohenheim. Mit jeder neuen Maschine steigt der Zeitaufwand für hauswirtschaftliche Arbeiten. Das fand Landaus Kollegin von der Technischen Universität Berlin, Gerda Tornieporth, heraus.

Man kann auch eine umgekehrte Rechnung aufmachen, indem man die Zeiten der Entspannung mißt. Westdeutsche Hausfrauen haben pro Tag durchschnittlich 105

Minuten zur Entspannung, Männer dagegen sechs Stunden. Befragt, ob sie mit der Verteilung der häuslichen Pflichten zufrieden sind, liefern die Frauen natürlich signifikant schlechtere Werte als die Männer. Zwar helfen bei jüngeren Ehepaaren die Männer im Haushalt mehr mit als bei älteren, aber solche Mitarbeit erfolgt in der Regel nur freiwillig, nicht im Sinne einer für normal geltenden Dauerverpflichtung, und schlimmer: Sowie ein Kind kommt, stellen viele Männer ihre Mitarbeit ganz ein.

Aber auch hier gibt es Hoffnungsschimmer. Jüngere Väter widmen sich heute etwa zwei bis drei Stunden ihren Kindern. Immer mehr Männer entdecken das Glück, das der Umgang mit Kindern in sich birgt. Sie gehen abends weniger aus als ältere Jahrgänge oder kommen frühzeitig nach Hause, um mit den Kindern zu spielen.

Trotzdem trägt die Last der Erziehung weiterhin die Frau. Männer teilen eher die Sonnenseite des Kinder-Alltags: Sie spielen mit ihnen, machen gemeinsame Ausflüge oder treiben Sport. Konfliktträchtige Tätigkeiten wie Hausaufgaben oder Nägel- und Zähneputzen überwacht in der Regel die Mutter (dabei leiden Frauen, wie zahlreiche Studien belegen, unter Streit und Spannungssituationen mehr als Männer). Diese Erziehungsarbeit der Mütter wird dadurch nicht leichter, daß nach Umfragen die Kinder vor dem Vater weit »mehr Respekt haben«. Schon deshalb meint weit über die Hälfte der Frauen, Männer »hätten es leichter im Leben«.

Zu den Arbeitsstunden in Haushalt und Kindererziehung kommt noch die Zeit, welche die Frau traditionell für die Pflege sozialer Beziehungen aufbringt: Kontakte zu den Eltern (auch denen des Mannes) hält eher die Frau als der Mann, Beziehungen zu weiter entfernten Verwandten werden fast nur von den Frauen gepflegt. Ein Drittel der Frauen in unserem Lande gibt deshalb an, in ihrer Ehe »mehr zu geben als zu erhalten«; diese negative Familienbilanz ziehen bei den verheirateten Frauen mit erwachsenen Kindern sogar 50%.

Der Opferbereitschaft von Frauen ist es zu danken, daß heute drei Viertel der alten und pflegebedürftigen Menschen nicht in Heimen untergebracht sind. Die Alters- und Frauenforscherin Ursula Lehr hat in einer Studie gezeigt, daß Frauen zwischen fünfzig und siebzig, die Eltern versorgen, selbst großenteils krank sind und dringend der Schonung und Entspannung bedürfen, die das Alter bereitstellen sollte: »Töchter, die ihren wesentlichen Lebensinhalt heute in der Betreuung hochbetagter Eltern sehen . . ., riskieren in höherem Maße ein unbefriedigendes, durch Inaktivität und Kompetenzeinbuße gekennzeichnetes eigenes Alterserleben und erhöhen dadurch die Wahrscheinlichkeit, selbst zu den Pflegebedürftigen von morgen zu zählen.«

Auf dem Lande werden heute noch fast alle Pflegebedürftigen von eigenen Angehörigen, das heißt von Frauen versorgt. Nach Ansicht der Stellvertretenden Vorsitzenden des Landfrauenverbandes Württemberg-Hohenzollern, Toni Teufel, soll dies auch in Zukunft so bleiben. Mit Nachdruck fordert sie deshalb gleichzeitig Hilfe vom Staat in Gestalt verbesserter ambulanter Hilfsdienste, mehr Geld, vor allem aber mehr Anerkennung dieser Arbeit.

Nicht die Arbeitsbelastung an sich ist nämlich die größte Quelle des Unglücks. Was Frauen kränkt, ist die Mißachtung ihres Tätigkeitsfeldes. Selbstwertgefühle sind über Kindererziehung und Hauswirtschaft immer schwerer zu vermitteln. Und da es keinen materiellen Entgelt für die Hausfrau gibt, bleibt sie abhängig vom erwerbstätigen Partner. Hausfrauen leiden mehr als andere Berufsgruppen unter Depressionen durch Beschädigung ihres Selbstbewußtseins.

Zahlreiche Untersuchungen entdecken eine weitere Quelle von Hausfrauenleid in dem traditionellen Autoritätsgefälle zwischen den Ehepartnern. Die Kinder respektieren den Vater mehr als die Mutter, und in Konfliktfällen entscheidet in deutschen Familien weiterhin der Mann. Rund ein Drittel der Männer meint immer noch, Frauen sollten in der Ehe nicht so viele Rechte haben wie Männer. In der Theorie hält zwar ein Großteil der Männer viel von Mitsprache, die Praxis aber sieht anders aus.

Seit den siebziger Jahren ist der Anteil der Männer, die eine emanzipative Entwicklung der Frauen begrüßen, kontinuierlich gesunken. Heute begrüßen es nur 70% der Männer, »daß die Frauen heute selbständiger, selbstbewußter sind als früher«, daß sie »nicht mehr einfach auf das hören, was die Männer sagen«, sondern »eine eigene Meinung haben«. Und in der Praxis zeigt sich das Autoritätsgefälle zuungunsten der Frau in fast allen Ehen. Dabei gibt es ein Gefälle, das mit dem sozialen Status des Mannes korreliert: Je mehr gesellschaftliche Macht er aufgrund seines Berufes und Einkommens besitzt, desto größer ist auch seine Macht in der Familie. Diese Situation ist ein Anwendungsfall der allgemeinen Herrschaftsgeschichte: Wer die Arbeit anderer plant und verteilt oder Anweisungen gibt, hat mehr soziales Prestige und Macht als jemand, der eine originäre Arbeitsleistung erbringt. Der Sozialwissenschaftler K. O. Hondrich hat das Machtgefälle zwischen Männern und Frauen in seiner ›Theorie der Herrschaft‹ wie folgt analysiert: Der ›Autoritätsindex‹ des Ehemannes ist bei selbständigen Unternehmern, Handwerkern mit eigenen Betrieben, freien Berufen und leitenden Angestellten am höchsten, bei Hilfsarbeitern am niedrigsten. Diesem Autoritätsgefälle entspricht das Einkommensgefälle exakt. Daraus ergibt sich: Das Machtgefälle in Unterschichtsfamilien ist weniger stark ausgebildet als in Oberschichten. Die ökonomische Macht des Unterschichtsmannes, der seinen Lohn abliefert und sein Taschengeld bekommt, ist geringer als die des Oberschichtmannes, der seiner Frau ein ›Haushaltsgeld‹ gibt, bis vor wenigen Jahrzehnten aber sogar rechtlich die Verfügung über das übrige Einkommen allein innehatte. (Im Fall der Berufstätigkeit einer Frau ist das Machtgefälle verringert.)

Dieses Autoritätsgefälle in der Familie wird noch verschärft durch die für Frauen ungünstige Arbeitsverteilung: Die Arbeitsfelder der Frau sind für den Mann leicht überschaubar und stehen seiner Kontrolle offen. Eine unaufgeräumte Küchenschublade, ein Berg Bügelwäsche in der Ecke, ein überfälliger Essensrest im Kühlschrank sind leicht erkennbare Nachlässigkeiten oder Versäumnisse. Auf diese Weise wird aus dem Ehepartner leicht der Chef. Die beruflichen Fehler des Mannes bleiben dagegen der Frau in der Regel verborgen und seine Autorität unangetastet.

Die meisten Frauen akzeptieren ihre untergeordnete Rolle in der Familie, allerdings nicht ohne inneren Groll: Die niedrigen Werte, die Frauen auf den Zufriedenheitsskalen liefern, sprechen für sich. Aber zum Aufstand reicht es meist nicht. Dafür ist die ungleiche Rollenverteilung zu gut eingeübt. Das beginnt schon in der Kindheit. Mädchen werden von ihren Müttern zur Mithilfe im Haushalt beansprucht, Knaben seltener. Mädchen haben deshalb schon als Kinder weniger Freizeit als Jungen. Sie werden zur Rücksicht auf andere und zum Verzicht auf eigene Wünsche erzogen. Bei Auseinandersetzungen zwischen Geschwistern sollen sie Nachgiebigkeit zeigen und eigene Bedürfnisse zurückstellen. Sie sollen nicht kämpfen, sondern sich frühzeitig in allen Tugenden üben, die unsere Gesellschaft den Frauen abfordert: »Liebe, Natürlichkeit, Treue, Verzicht« (Norbert Blüm).

Mangelndes Selbstwertgefühl führt häufig zu einem einseitigen Verständnis von Liebe im Sinne von Selbstaufgabe, Opfer und Leiden. Die Familientherapeutin Robin Norwood meint, daß Frauen durch ihre Sozialisation mehr als Männer davon abhängig seien, geliebt und akzeptiert zu werden. Sie spricht von einer »heimlichen Sucht, gebraucht zu werden«. Seit ihrer Kindheit versuche die Frau, Liebe und Anerkennung dadurch zu verdienen, daß sie eigene Bedürfnisse und Wünsche, vor allem aber Aggressionen verdränge. Das Resultat sei ständiges Leid und in manchen Fällen völlige Aufgabe der Persönlichkeit. Nur so erklärt sich die Tatsache, daß doppelt so viele Frauen wie Männer in krankhaftem Sinne depressiv sind. Bei leichteren Formen der Depression ist das Verhältnis noch ungünstiger.

Im Blick auf die schulische und berufliche Bildung sind Mädchen seit jeher benachteiligt worden. Mädchen gehen kürzer zur Schule, tun sich schwerer, eine Lehrstelle zu finden, und sind seltener in qualifizierten Ausbildungsgängen anzutreffen als Jungen. Hat eine Frau ihr Berufsziel erreicht, erwartet man, daß sie um der Ehe und der Kinder willen wieder zurücksteckt. Das Allensbacher Institut für Demoskopie hat der westdeutschen Bevölkerung folgende Frage zur Beantwortung vorgelegt: »Eine junge Frau hat einen Beruf, der ihr großen Spaß macht, für den sie aber öfter Überstunden machen muß. Ihr Mann möchte aber, daß sie sich eine andere Arbeit sucht, die ihr mehr Zeit für das gemeinsame Privatleben läßt. Was würden Sie dieser jungen Frau raten – daß sie im Beruf ihrem Mann zuliebe zurückstecken soll, oder sollte sie das nicht tun?« Nur drei Zehntel der Männer waren der Ansicht, sie solle ihren Beruf ruhig weiter ausüben (gegenüber vier Zehnteln der Frauen). – Stellt man die Frage, wie ein *Mann* sich in diesem Konfliktfall verhalten soll, meint weit über die Hälfte der Männer, die Berufsarbeit müsse den Vorrang vor den Bedürfnissen der Partnerin haben. Sind gar Kinder vorhanden, meinen vier Fünftel der Westdeutschen, daß die Frau ihren Beruf entweder ganz oder vorübergehend aufgeben solle. Nur 3 % finden es richtig, wenn sie weiter erwerbstätig bleibt.

Gibt die Frau ihre Arbeit tatsächlich auf, ist ihr Schicksal im allgemeinen für viele Jahrzehnte besiegelt: Wenn die Kinder groß sind, findet sie keinen Neueinstieg mehr. Bekommt sie doch noch eine Stelle, muß sie sich meist mit Arbeiten bescheiden, die ihrer früheren Ausbildung nicht entsprechen und ihr weniger Spaß machen. Für eine Karriere ist es jedenfalls zu spät. Die Jahre als Hausfrau und Mutter bringen ihr nichts, und die Rentenansprüche aus dieser Zeit sind jedenfalls gegenüber denen aus einem Berufsleben nicht der Erwähnung wert. (Fast die Hälfte der Rentnerinnen in unserem Land bezieht weniger als 300 DM Rente, fast drei Viertel weniger als 600 DM!) Wenn immer materielle Selbständigkeit auch eine Quelle von Glück ist, haben Frauen schlechte Chancen dafür.

Für Frauen, die nicht in einen Beruf zurückwollen und -können, sich aber als Hausfrau und Mutter erwachsener Kinder als sozial isoliert und ›zu nichts mehr nutze‹ empfinden, stehen Ehrenämter in Kirche, Gemeinde und Nachbarschaftshilfe bereit. Hier werden die freiwilligen Helferinnen dringend benötigt: 80 % aller ehrenamtlichen Aufgaben der Evangelischen Kirche in unserem Land werden von Frauen betreut (in leitenden Positionen nur 10 % Frauen); ohne ihre Mithilfe könnten die diakonischen Dienste, die Krankenhäuser und Altenheime der Bundesrepublik Deutschland kaum existieren. Was Frauen hier unbezahlt leisten, ist für die Menschlichkeit unserer Gesellschaft nicht hoch genug zu bewerten.

Manche Frau findet in dieser Aufgabe neuen Lebenssinn und ihr Glück. Viele kränkt aber die Tatsache, daß ihre Aktivitäten nicht ebenso anerkannt sind wie ›richtige

Arbeit«. Kinder und Ehemann nehmen die Arbeit nicht ernst, im Familienzeitplan hat die bezahlte Erwerbstätigkeit anderer Familienmitglieder stets Vorrang vor den ehrenamtlichen Tätigkeiten der Frau. Niemand fühlt sich verpflichtet, im Haushalt zu helfen, wenn die Frau physisch und psychisch erschöpft von Krankenbesuch und Altenbetreuung nach Hause kommt: »Du tust das ja freiwillig«.

Schwerer wiegen Demütigungen im Ehrenamt selbst, von denen Frauen berichten. Heidrun Mollenkopf hat in einem Buch mit dem Titel ›Frauen in der Kirche. Ein Aufbruch nimmt Gestalt an‹ ihre Erfahrungen mit ›Ehren‹-Ämtern niedergeschrieben:

»Irgendwann – ich hatte meine Berufstätigkeit zugunsten der Erziehung unserer Kinder aufgegeben – nahmen Haushalt und Familie mich nicht mehr voll in Anspruch. An eine Rückkehr in meinen Beruf konnte ich aus verschiedenen Gründen nicht denken... Mein Bedürfnis nach Kontakt, nach emotionaler und intellektueller Anregung und Herausforderung, nach einem sinnvollen Betätigungsfeld und ganz einfach auch nach außerfamiliärer Anerkennung führten dazu, daß ich begann, mich in verschiedenen Bereichen zu engagieren... In kürzester Zeit war ich voll beschäftigt. Als Mitarbeiterin im Besuchsdienst und Familiengottesdienstteam der Kirchengemeinde, als Vorstandsmitglied eines Nachbarschafts- und Sozialdienstes und als Elternbeirätin an der Schule. Irgendwann übernahm ich noch die Leitung einer Kindergruppe, dann die Arbeit mit Konfirmandeneltern und die Vertretung der Gemeinde in einem Gremium für Erwachsenenbildung, und schließlich wurde ich in den Ältestenkreis (in anderen Landeskirchen: Kirchenvorstand oder Presbyterium) gewählt...

Alles in allem hätte ich zufrieden sein können. Trotzdem begann ich mit der Zeit, diese ganze ehrenamtliche

Arbeit in Frage zu stellen. Immer mehr Dinge – winzige Kleinigkeiten zum Teil – fielen mir auf, störten, kränkten, ärgerten mich . . . Wenn ich, weil der Vorsitzende des Ältestenkreises als Mann natürlich berufstätig war und wenig Zeit hatte, gemeinsam mit der Pfarramtssekretärin die gesamte Vorbereitung für die Einführung des neuen Pfarrers machte, beim Fest dann aber er ganz selbstverständlich die offizielle Begrüßungsrede hielt. Wenn in Sitzungen die Reihenfolge der Wortmeldungen nicht beachtet wurde oder manche Männer einfach unter sich zu reden begannen, während ich noch sprach . . . Mir wurde klar: ehrenamtliche Mitarbeit ist zwar unentbehrlich und wird sehr geschätzt. Aber wenn eine Frau erst einmal damit angefangen hat, wird als selbstverständlich genommen, daß sie sie auch jederzeit und unbegrenzt und vor allem unentgeltlich weiter tut, denn finanziell wird sie ja von ihrem Mann versorgt, und als nicht erwerbstätige Frau hat sie immer Zeit. Und: als Arbeitskollegin wird sie nicht ernst genommen. Wenn wichtige Entscheidungen anstehen, ist ihre Meinung nicht wirklich gefragt. In Gremien erfüllt sie vielfach lediglich eine Alibifunktion . . . oder sie dient der Dekoration oder ›Vermenschlichung der Arbeitsatmosphäre‹. Ihr tatsächlicher Einsatz an Zeit und Kraft wird kaum wahrgenommen, geschweige denn in irgendeiner Weise honoriert. Im Gegenteil: In manchen Gesprächen gewann ich sogar den Eindruck, wir müßten der Kirche noch dankbar sein, daß sie uns armen, arbeitslosen Frauen die Möglichkeit gibt, uns wenigstens auf diese Weise mit unseren Fähigkeiten zu verwirklichen.«

Aber auch die Berufsarbeit liefert Frauen häufig weniger Glück als Männern. Zwar bietet Erwerbstätigkeit an sich jeder Frau eine Chance für soziale Anerkennung und Erhöhung ihres Selbstwertgefühls. Aber häufig ergibt sich mit ihr eine Doppelbelastung durch Beruf und Familie: mit einem Zwölfstundentag, protestierenden Kindern, einem mißmutigen Partner, einem schlechten Gewissen. Kaum eine verheiratete Frau ist von Selbstvorwürfen frei, wenn sie berufstätig wird und damit ihrer Familie Zeit und Energien entzieht. Eine schlechte Note in der Schule, ein trauriges Gesicht, wenn die Mutter weggeht, genügen meist schon für Selbstvorwüfe. Auch wenn diese keine pathologischen Züge annehmen, mindern sie in jedem Falle die Lebensfreude.

In dieser Rollen-Unsicherheit zwischen Hausfrau und Mutter auf der einen und einem bezahlten Beruf auf der anderen Seite vermutet man heute die wichtigste Quelle für die Unzufriedenheit von Frauen in unserem Lande. Die Glücksvorstellungen unserer Gesellschaft haben sich in den letzten Jahrzehnten drastisch geändert. Erfüllte sich das Glück einer Frau in den fünfziger Jahren noch in der Familie, so glaubt in den achziger Jahren nur noch ein Viertel der Westdeutschen, daß eine Frau »verheiratet sein muß, um wirklich glücklich zu leben«, und nur ein Drittel, daß eine Frau »Kinder haben muß, um glücklich zu sein«. Frappierend und für den Wertewandel in unserem Land aufschlußreich ist die Unterscheidung nach Altersgruppen bei diesem Thema. Noch die Hälfte der über 45Jährigen meint, Kinder seien für das Glück einer Frau unbedingt nötig, aber nur noch ein Fünftel der unter 30Jährigen sind dieser Ansicht. An die Notwendigkeit einer Ehe für das Glück einer Frau glaubt bei den jüngeren Jahrgängen nur noch ein Zehntel, im Vergleich zu 45 % bei den älteren.

Im Unterschied zum Hausfrauendasein, dem heute gesellschaftliche Diskriminierung droht, liefert die Erwerbsarbeit neben sozialem Prestige noch materielle Unabhängigkeit. Außerdem liefert ein Beruf Kontakte zu anderen Menschen, weckt das Interesse für Politik und Gesellschaft und belebt insgesamt. Der Anteil der Frauen, die einen Beruf ausüben möchten, hat sich deshalb in den letzten Jahrzehnten kontinuierlich erhöht. Nur ein Drittel der berufstätigen Frauen wären »lieber im Haushalt«, und nur die älteren Jahrgänge sprechen sich für die klassische Hausfrauenarbeit aus.

Die jüngeren Frauen wollen nach ihrer Hochzeit fast alle ihren Beruf weiter ausüben. Zufrieden mit ihrer Rolle als Hausfrau ist nur noch ein Drittel der Mütter mit Kindern unter sechzehn Jahren. Die meisten würden »gern nebenher arbeiten«, wenn sie nur könnten. Die Praxis zeigt aber, daß zu wenige Teilzeitarbeitsplätze für Frauen mit Kindern bereitstehen. Die Bundesrepublik bildet im Blick auf flexible Arbeitszeiten für Frauen das Schlußlicht der mitteleuropäischen Staaten.

So sehen sich Frauen immer häufiger vor die Entscheidung zwischen Beruf und Familie gestellt. Frauen mit beruflichem Ehrgeiz und gehobener Ausbildung mit entsprechenden Gehaltsvorstellungen müssen auf Kinder verzichten. Die Geburtenrate wird deshalb vermutlich weiterhin sinken.

Eine traurige Alternative, wenn man bedenkt, daß andere Länder das Dilemma frauen- und gleichzeitig familienfreundlicher zu lösen versuchen. In Schweden werden trotz einer weitaus höheren Erwerbsquote von Frauen (über 80% gegenüber 50% in der Bundesrepublik) viel mehr Kinder geboren als in unserem Staat. Konsequente Frauenförderungsprogramme sorgen dafür, daß Beruf und Familie sich nicht generell ausschließen:

– durch Schaffung von Teilzeitarbeitsplätzen, die renten- und sozialpolitisch attraktiv ausgestaltet sind;
– durch bezahlten Sonderurlaub von 180 Tagen für Mutter oder Vater bis zum achten Lebensjahr des Kindes (die Urlaubstage können nur halbtags beansprucht und der Urlaub damit auf die doppelte Zeit ausgedehnt werden);

– durch eine unbezahlte Arbeitsfreistellung bis zum
18. Monat des Kindes und eine Rückkehrgarantie an
den alten Arbeitsplatz. Schwedinnen riskieren deshalb
bei der Geburt eines Kindes nicht ohne weiteres ihr
berufliches Fortkommen.

Nach Ansicht des Darmstädter Volkswirts Bernd Rürup
bilden solche Programme, und nicht Ideologien einer
›neuen Mütterlichkeit‹, die einzige Chance, die Geburtenrate
in der Bundesrepublik langfristig wieder zu heben.

Ob solche Strategien allerdings schon genügen, um
Frauen künftig zufriedener zu machen, bleibt fraglich.
Zu zahlreich sind die Diskriminierungen, die Frauen auf
dem beruflichen Felde noch immer erfahren. Hier nur
wenige Beispiele:

Frauen werden für die gleiche Arbeit immer noch
schlechter bezahlt als ihre männlichen Kollegen; das ist
zwar verboten, de facto aber immer noch üblich. Selbst
in Spitzenpositionen (die nur wenige Frauen erreichen)
besteht ein eklatanter Einkommensunterschied zwischen
Männern und Frauen: 60% der Männer auf Abteilungs-
leiterebene verdienen über 100 000 Mark im Jahr, bei den
Frauen sind es dagegen nur 30%. Auf der Geschäftsfüh-
rerebene bekommen fast alle Männer ein Monatsgehalt
von mehr als 10 000 Mark, bei den Frauen nur rund die
Hälfte.

Schon bei der Stellensuche erwarten die Frauen un-
gleich größere Schwierigkeiten als die Männer. Über die
Hälfte der Stellenanzeigen richtet sich ausschließlich an
Männer. Das brachte eine Analyse von 6000 Anzeigen in
zwei überregionalen Zeitungen zutage. Ein Viertel rich-
tete sich ausdrücklich an Frauen, etwa ein Fünftel war
geschlechtsneutral formuliert. Noch ungünstiger wird
das Verhältnis, wenn man die Stellenangebote nach Berufen aufschlüsselt: Rund vier Fünftel der Firmen suchen

für Technik- und EDV-Arbeitsplätze ›Unseren Mann‹. Wenig besser ist das Bild in Gewerbe und Handwerk, Vertrieb und Verkauf. Nur in der Verwaltung, vor allem aber im Dienstleistungsbereich, finden Frauen gleiche Chancen. Ein »liebevolles, freundliches, verantwortungsbewußtes Kindermädchen« wird häufig gesucht, qualitativ gute und gut bezahlte Stellen dagegen werden nur selten *auch*, so gut wie nie *nur* für Frauen ausgeschrieben. Einen typischen Fall für ›geschlechtsneutrale‹ Stellenausschreibungen liefert der folgende Anzeigentext einer deutschen Großbank auf der Suche nach »ihrem/r Grundsatzreferenten/in«: »Von Begabung und Interesse her ist jene Verbindung von analytischem Denkvermögen und zielorientierter, strategischer Kreativität erforderlich, die den guten Stabsmann kennzeichnet.« Schon die martialische Sprache entlarve die männliche Welt, kommentierte die Journalistin Evamaria Brockhoff diesen Text in der ›ZEIT‹, und die folgende Anzeige verhüllt den wirklichen Wunsch nicht mal mehr notdürftig: »Ein/e künftige/r Programmdirektor/in« eines Hamburger Privatsenders wird beschrieben als »Praktiker mit sicherem Urteil eines Hörfunk-Profis, dem Gespür eines guten Journalisten und der Begeisterung eines Mannes, für den Aufbau wichtiger ist als das Verwalten bestehender Strukturen . . .«

Da keine qualifizierten Stellen für Frauen bereitstehen, suchen immer mehr ihr Heil in der Selbständigkeit. 1986 ging jede dritte Firmengründung auf die Initiative einer Frau zurück (1975 war es nur jede zehnte). Man schätzt, daß inzwischen etwa jede fünfte im westdeutschen Handelsregister eingetragene Firma von einer Frau geführt wird. Untersuchungen zeigen, daß Unternehmerinnen ebenso erfolgreich wie ihre männlichen Kollegen sind. Weitaus weniger Frauen machen bankrott, weil sie beim Ausbau der Firma die traditionell ›weiblichen‹ kleinen

Schritte verfolgen. Dabei weisen mehrere Studien auf einen typischen frauenspezifischen Führungsstil hin, den viele Forscher für ›zukunftsweisend‹ halten, weil er das Zusammengehörigkeitsgefühl und die Motivation der Mitarbeiter fördert. Auch empfinden es immer weniger Arbeitnehmer als eine Zumutung, unter einer Chefin zu arbeiten.

Die Stimmung wird liberaler. Trotzdem ist der Weg zur Gleichheit immer noch weit. Bis sie erreicht ist, werden Frauen physisch und psychisch mehr leisten und leiden müssen als Männer. »Ey wie gar arme und unglucksalig ist das gelücke der frauen«, hieß es schon vor vierhundert Jahren im Sprichwort. Wieviel Zeit muß noch vergehen, bis es nicht mehr gilt?

Macht Geld glücklich?

›Glück der Armut‹ lautet der Titel eines Aufsatzes von Robert Walser. Dort heißt es: »Die Reichen sind meistens unzufrieden und unglücklich . . . Sie sind die wahren Verhungerten . . . Wer nicht entbehren kann, betrügt sich um die Schönheit des Lebens. Die besten Früchte reifen oft im Schatten der Armut.«

Das liest sich gut, und die Märchen aller Völker kennen den Reichen, der trotz oder besser wegen seines Wohlstandes unglücklich wird. Er ist unzufrieden, weil er nie genug hat, dazu von der Angst besessen, etwas zu verlieren. Der Arme hat nichts zu verlieren und also auch keine Sorge um Besitz. Er lebt in der Gegenwart und freut sich des Tages, in den er hineinlebt. Der levantinische Gepäckträger schüttelt den Kopf, als ihn der Reisende fragt, ob er seinen Koffer befördern wolle: »Ich habe heute schon gefrühstückt.«

Die Märchen haben nicht ganz unrecht. Es gibt eine Unzufriedenheit, die den Reichen vorbehalten ist. Geld macht nicht glücklich, und Wohlstand birgt Quellen von Verdruß und Sorge. Aber die Gegenrechnung ist nicht von Pappe: ›Weil du arm bist, mußt du früher sterben‹. Dieser Buchtitel aus den sechziger Jahren galt für die gesamte Geschichte der Menschheit und wird noch so lange gelten, wie Zusammenhänge wirksam bleiben, von denen in diesem Kapitel die Rede sein soll. Zunächst aber wollen wir uns auf der anderen Seite umschauen und fragen, wie es sich mit den Glückschancen im Wohlstand verhält. Wir halten uns dabei an empirische Ergebnisse der Forschung von Lebensqualität und Zufriedenheit.

Um das Ergebnis vorwegzunehmen: Trotz steigenden Lebensstandards hat sich das Glücksniveau der untersuchten Bevölkerungen insgesamt nicht erhöht. Zwar bezeichnen sich heute weniger Menschen als ›nicht allzu glücklich‹ denn in den fünfziger Jahren; aber nicht mehr Menschen als damals nennen sich heute ›sehr glücklich‹. In den USA ist der Anteil der ›sehr Glücklichen‹ sogar gesunken. Die große Masse hält sich im Mittelfeld von ›einigermaßen glücklich‹.

Das ist ein enttäuschendes Ergebnis, wenn man sich die Wohlstandssteigerung in den untersuchten Nationen vor Augen hält. Einige Daten für die Bundesrepublik Deutschland, die zu den reichsten Gesellschaften der Erde zählt:

In allen Einkommensgruppen wird heute weitaus besser verdient als jemals zuvor. Die Zahl der Spitzenverdiener wächst unaufhörlich. Knapp 70 000 Westdeutsche versteuerten im Jahre 1986 ein Vermögen von über 1 Million DM und mehr gegenüber 20 000 im Jahre 1968. 10 000 Bürger verfügen gar über ein Jahreseinkommen von 1 Million DM, gegenüber 2000 im Jahre 1968. Über 25 000 DM monatlich können 60 000 Haushalte verfügen. Dieser neue Reichtum kommt allerdings hauptsächlich Freiberuflern zugute (Zahnärzte und Ärzte führen die Liste an, vor Anwälten, Architekten und Wirtschaftsprüfern).

Noch nie wurden so teure Waren gekauft wie heute. In den Luxus-Passagen der Großstädte finden Kleidung und Accessoires zu aberwitzigen Preisen guten Absatz: die lässige Strickjacke zu 2000 DM, Designer-Anzüge oder -Kostüme zu fünfstelligen Preisen, Trägerröckchen fürs Kind im Wert eines Abendkleides im Konfektionsgeschäft nebenan. In kleiner Serie gefertigt sind neuerdings

Spielzeugautos für sechs- bis zwanzigtausend Mark zu haben. Als Käufer für diese Sachen tritt ein ›technokratisch-liberales Milieu‹ mit akademischer Bildung auf, in dem das Geld locker sitzt und die Lebensmaxime lautet: »Glück ist machbar.«

Auch die unteren Einkommensgruppen verdienen im Durchschnitt besser als in früheren Jahren. Konnten 1978 von hundert Haushalten fünfzehn über maximal 1000 DM im Monat verfügen, so gibt es in dieser niedrigsten Einkommensklasse heute nur noch drei. Das ist, auch wenn man die Inflationsrate mit einrechnet, eine deutliche Verbesserung. Zwei Drittel der deutschen Haushalte besitzen ein Auto, zwei Fünftel haben Haus- oder Wohnungsbesitz. Fast alle Westdeutschen können heute Fernseher, Kühlschrank und Waschmaschine benutzen. Zwei Drittel unserer Bevölkerung machen einmal im Jahr eine Ferienreise und über die Hälfte noch Kurzreisen dazu. Man geht in Lokale und Discos, in Konzert und Theater und bewirtet Freunde und Nachbarn bei sich zu Hause.

Sollten alle diese Verbesserungen nicht zu einer Glückssteigerung führen können? Wenn nicht, muß es Gründe geben, welche die einfache Korrelation von Wohlstand und Glück stören. Man vermutet, daß kulturelle Faktoren, also Dinge, die man nicht kaufen kann, wie Freundschaft, Nachbarschaft, Kunst- oder Naturgenuß das persönliche Glück von Menschen mindestens ebenso stark bestimmen wie materielle. Vermutlich sind sie sogar stärker. Darüber hinaus gibt es ›Dysfunktionen‹ wachsenden Wohlstands, auch staatlicher Wohlfahrt von der Art, wie sie die Märchen immer schon behauptet haben. Die Glücks- und Zufriedenheitsforscher unserer Tage haben da folgende Vermutungen:

– Wohlstand schafft Sorgen um seinen Erhalt.
– ›Alles haben‹ zu können läßt dem Menschen keine

Ziele, Wünsche und Sehnsüchte mehr. Alle reichen Gesellschaften kennen Überdruß und Langeweile. Das Fürstentum Liechtenstein ist einer der reichsten Staaten der Erde, mit den meisten Scheidungen, Selbstmorden und Drogenabhängigen in ganz Europa.

– Wohlstand weckt Ansprüche, die Enttäuschungen zur Folge haben. Jeder zweite westdeutsche Jugendliche will später ›reich‹ werden, aber nur jeder zwanzigste will ›viel arbeiten‹. Die Hälfte der unter Dreißigjährigen meint, Freizeit mache erst dann richtig Spaß, wenn die ›beste, modernste Ausrüstung‹ dafür bereitsteht. Die Glücksforscherin Elisabeth Noelle-Neumann nennt diesen Anspruch, alles und jetzt haben zu wollen, einen »Wegweiser zum unglücklichen Leben«. Es gibt noch eine andere Richtung der Anspruchseskalation: Wer seine materiellen Bedürfnisse befriedigt sieht, hat Sinn für ›postmaterialistische‹ Werte, zum Beispiel für mehr persönliche Freiheit und politische Partizipation. Auch treten ›systemische‹ Bedürfnisse in den Vordergrund, zum Beispiel saubere Umwelt. So begrüßenswert dieser Sinn für humane Verhältnisse ist: Statt für mehr Glück sorgt er zunächst für mehr Unzufriedenheit.

– Glück und Zufriedenheit speisen sich, wie gezeigt, wesentlich aus dem sozialen Vergleich. Wer *mehr* hat als andere, ist zufrieden. Diese Zufriedenheit geht natürlich zwangsläufig auf Kosten dessen, der *weniger* hat. Eine Gesellschaft zufriedener Menschen ist deshalb ein Widerspruch in sich selber und eine Utopie.

– Nicht nur Mehr-Haben als andere gehört zum Glück, sondern auch Mehr-Sein. Die Demokratie bietet weniger als andere Staatsformen Mittel an, sich Rang und Ansehen zu verschaffen. Der Zwang zu kleinsten Vorsprüngen führt zu einer glücksverzehrenden Leistungskonkurrenz (während die Ständegesellschaft den

Menschen zwar keinen Aufstieg erlaubte, dafür aber soziale Identität gab).
– Besondere Krankheiten bedrohen das Lebensglück von Menschen in reichen Gesellschaften.
– Einige Glücksforscher entnehmen den Argumenten für die Schmälerung des Glücks durch Reichtum Gründe für die These sinkenden Glücks durch staatliche Wohlfahrt. Sie raube dem Menschen das Glück eigener Anstrengung und des Stolzes auf eigene Leistung. Auch werde die persönliche Freiheit durch das Netz staatlicher Fürsorge eingeengt und damit Glücksquellen verstopft. Schließlich gelte das Unersättlichkeitssyndrom des Reichen auch für die Empfänger von Wohlfahrtsleistungen: Je mehr der Sozialstaat für die Bürger tue, desto unzufriedener würden sie. Man spricht von einem ›Dilemma des Wohlfahrtsstaates‹, das man auf die Formel bringen kann: Undank ist des Staates Lohn.

Macht Geld glücklich? Es sieht nicht so aus. Aber jetzt kommt die Gegenrechnung. Sie ist klarer und eindeutiger. Während die eben vorgetragenen Thesen nicht unumstritten sind, gibt es an der jetzt vorzulegenden Bilanz nichts zu deuten. Ihr Ergebnis heißt, auf einen Satz gebracht: Die Lebensqualität von einkommensschwachen Gruppen ist sowohl unter dem objektiven Gesichtspunkt der Lebensverhältnisse wie auch unter dem subjektiven der Zufriedenheit schlechter. Also: Geld macht nicht glücklich, aber es enthält, jedenfalls für die Unterschicht und alle Randgruppen, große Chancen, Leid zu mindern.

Wer etwas über die Rolle des Geldes für das Lebensglück sagen will, tut somit gut daran, sich das Einkommensniveau und die Lebensverhältnisse des Menschen anzuschauen, für den er die Aussage treffen will. Generelle Urteile verbieten sich, weil ›Geld‹ in verschiedenen sozialen Lagen etwas ganz anderes bedeutet. Der eine handelt sich mit mehr Geld statt einer effektiven Steigerung seiner Lebensqualität nur Sorgen für eine möglichst profitable Anlage ein, für den anderen bedeutet mehr Geld die Entlastung von Sorgen um Nahrung, Wohnung und Gesundheit. Wer diesen tiefgreifenden Unterschied in der Lebenssituation übersieht, kann über die Bedeutung des Geldes für das Glück der Menschen nur sehr Unzuverlässiges sagen. Eine finanziell orientierte Glückstheorie muß sich deshalb zuallererst für die Grenze interessieren, welche die Funktion des Geldes als *Sorgenbrecher* und *Sorgenbringer* trennt.

Für die Gegenrechnung und die Einsicht, daß Geld die Glücksbilanz von Benachteiligten entscheidend verbessern kann, sind folgende Tatsachen und Überlegungen von Gewicht:

Lebensqualitätsforscher aus Frankfurt und Mannheim haben für die westdeutsche Bevölkerung herausgefunden, daß Angehörige der Unterschicht durchgängig unterdurchschnittliche Zufriedenheitswerte liefern. Wie immer schwierig die Zurechnung von subjektiver Zufriedenheit und objektiven Lebensbedingungen sein mag, der Zusammenhang von beidem ist ebensowenig zu leugnen wie die Tatsache, daß niedriges Einkommen und schlechte Lebenschancen verbunden sind. Das hatte der Sozialforscher Tim Guldimann schon Anfang der siebziger Jahre am Beispiel Schwedens und der Bundesrepublik Deutschland nachgewiesen. Wer wenig verdient, leidet gleichzeitig unter folgenden Benachteiligungen:

– kein Bargeld auf der Bank,
– unbefriedigende Ernährung,
– schlechte Zähne,
– körperlich ermüdende Arbeit,
– schmerzender Bewegungsapparat,
– kleine und schlecht ausgestattete Wohnung,
– schlechte Wohngegend,

– kein Garten,
– kein Naherholungsgebiet,
– keine Ferienreise.

Guldimanns Studie ist inzwischen durch weitere Untersuchungen bestätigt. Etwa ein Drittel der Mitglieder unserer reichen westdeutschen Gesellschaft ist durch ihr niedriges Einkommen von Glückschancen ausgeschlossen, die durch mehr Geld deutlich steigen würden. Zu diesem Drittel gehören der Großteil der Arbeiterschaft, Rentner, ›Randgruppen‹, kinderreiche Familien, Gastarbeiter und Arbeitslose. – Im einzelnen sieht das Bild so aus:

10% der westdeutschen Bürger gelten nach den sozialen Standards unseres Staates als arm. Das sind sechs Millionen. Ihr Einkommen liegt unter den Sätzen, die das Bundessozialhilfegesetz als notwendig festsetzt: für den Haushaltsvorstand durchschnittlich 345 DM im Monat, für jedes weitere Familienmitglied, nach Alter gestaffelt, zwischen 155 und 275 DM, dazu Miet- und Heizkosten. Wer als Erwachsener unter die Einkommensgrenze von ca. 500 DM, als Familie mit drei Kindern unter ca. 1600 DM fällt, hat Anspruch auf Hilfe vom Staat.

Wer von der Sozialhilfe lebt, dessen Lebensglück ist auf vielfältige Weise eingeschränkt: Wohnungen ohne Dusche, Bad und Toiletten; ein Speisezettel mit sehr wenig Fleisch oder Butter, kaum Kaffee und keinen Leckereien. Was für viele noch schwerer wiegt, ist eine häufige Folge von Armut: ihre sozial isolierende Wirkung. Ein gemeinsamer Ausflug ist zu teuer, eine Kaffeeinladung kann man nicht erwidern und lehnt sie deshalb ab.

Eine wichtige Glücksquelle ist die *Gesundheit*. Zwei Drittel der Westdeutschen nennen sie das kostbarste Gut für den Menschen. Bedenkt man die Faktoren, von denen eine gute Gesundheit abhängig ist, so zeigt sich auch hier eine Abhängigkeit von der finanziellen Situation.

Nimmt man noch die nicht zu bestreitende Verbindung von Schichtzugehörigkeit, Arbeitsplatz und niedrigem Einkommen hinzu, läßt sich der bekannte Satz ›Weil du arm bist, mußt du früher sterben‹ variieren, in Richtung auf typische Arbeiterleiden wie Arthrosen und Bandscheibenschäden, Spätfolgen aus dem Umgang mit gefährlichen Stoffen, Frühinvalidisierung durch Arbeitsunfälle und Verschleiß durch einseitige Körperbelastung und ungesunde Arbeitsbedingungen. Auch Krankheiten wie Herzinfarkte und Magengeschwüre sind typische Arbeiterkrankheiten, nicht, wie man immer hört, in erster Linie Managerkrankheiten. Die Arbeiterschaft stellt einen überproportionalen Anteil an psychischen und psychosomatischen Krankheiten. Arbeit am Fließband und im Akkord, dazu die ständige Erfahrung von Unterordnung und Unselbständigkeit, schaffen großes seelisches Leid.

Im Blick auf ihren Lebensmittelkonsum bezeichnet sich die Mehrzahl der Westdeutschen heute als wunschlos glücklich. Das ist das Resultat der Einkommenssteigerung auch der unteren Lohngruppen. Aber immer noch 40% der Angelernten und 30% der Facharbeiter sagen, sie würden gern mehr Butter und Fleisch kaufen, wenn sie es sich leisten könnten.

Auf der Suche nach der Grenze zwischen der Funktion des Geldes als Sorgenbrecher oder Sorgenbringer gilt wohl für das untere Drittel unserer Gesellschaft immer noch zweifelsfrei die erste Kategorie. Mit 30 000 DM Einkommen im Jahr kann man keine großen Sprünge machen und hat jedenfalls eine Sorge nicht: wie man sein Geld anlegt. Das ist die Situation von 14 Millionen Haushalten. Mehr Geld bedeutet hier unmittelbar mehr Lebensfreude, zum Beispiel im Freizeitbereich. Autoausflüge, auswärtiges Essen, Kaffee und Kuchen in einer Konditorei, Theater und Kino, das sind Freuden, die nur die oberen zwei Drittel unserer Bürger kennen. Wer wollte leugnen, daß Einkommenssteigerungen bei den anderen unmittelbar eine Steigerung von Lebensqualität zur Folge haben werden?

Je niedriger das Einkommensniveau ist, desto weniger zweifelhaft wirkt die stramme Zurechnung von Geld und Glück, bzw. Geld und Leidminderung. Hier bringt jede Mark viel Entlastung und Freuden, von denen sich diejenigen keine Vorstellung machen können, deren ›Geldsorgen‹ in dem Herausfinden lukrativer Investitionschancen bestehen. 15% unserer *Rentner* leben nach den Schätzungen von Sozialwissenschaftlern unter der Armutsgrenze. Das ist mehr als eine Million alter Menschen. In Wirklichkeit liegt die Zahl vermutlich höher. Ihr Lebensabend ist durch objektiven Mangel und subjektive Sorge verdüstert. Viele von ihnen fristen ein Leben, dessen Glücksquellen durch solche Entbehrungen sämtlich verstopft sind.

Eine andere von Glückseinbußen betroffene Gruppe sind die *kinderreichen Familien.* Ausgerechnet hier, wo Glückschancen wie sonst kaum bereitliegen und Glücksfähigkeit gelernt werden könnte, werden ganz andere Erfahrungen gemacht: Härte im Umgang miteinander und Egoismus als Grundzug sozialen Lebens. Ein Fünftel der Familien mit drei oder mehr Kindern haben ein Nettoeinkommen von nur 1200 DM und liegen damit weit unterhalb der Sozialhilfesätze. Nahezu jede zweite Mutter aus jungen Familien mit drei oder mehr Kindern muß, ob sie will oder nicht, neben Haushaltsführung und Kindererziehung noch erwerbstätig sein, um die Familie ernähren zu können. Die Streichung des Schülerbafög zwingt Eltern, wie früher bei ihren Kinder eine Auswahl derer zu treffen, die eine bessere Erziehung als die anderen bekommen sollen. Das sind wieder meistens die Knaben.

Am schlimmsten von Glückseinbußen betroffen sind seit einigen Jahren die *Langzeitarbeitslosen*, konkret die über Vierzigjährigen, Behinderten oder aus anderen Gründen schwer vermittelbaren Arbeitslosen, die länger als ein Jahr ohne Arbeitsplatz bleiben. Auch hier wirkt, wie man weiß, die bittere Häufung sozialer Benachteiligung: Unterschicht, schlechte Ausbildung, niedriges Einkommen. Der soziale Abstieg ist programmiert. Besonders schwer betroffen sind diejenigen, welche vor ihrer Arbeitslosigkeit nicht die vorgeschriebene Mindestzeit in einem Beruf gearbeitet haben. Berufsanfänger erhalten nur Sozialhilfe; das sind fast alle jugendlichen Arbeitslosen. Nach drastischen Sparmaßnahmen im sozialen Bereich bezogen 1986 nur noch knapp 40 % der westdeutschen Arbeitslosen das volle Arbeitslosengeld, 22 % erhielten Arbeitslosenhilfe. Der Rest lebt von Sozialhilfe, Ersparnissen oder Verwandten. Da Arbeitslosen- und Sozialhilfe nur im Falle der Bedürftigkeit gewährt werden, werden Kinder und Eltern von den Sozialämtern in vielen Fällen finanziell belastet. Dies bedeutet gleichzeitig schweren seelischen Druck des Betroffenen, der nun wieder seiner Familie auf der Tasche liegt.

Die Glückseinbußen von Arbeitslosen liegen auf verschiedensten Feldern des Lebens. Sie sind sämtlich abhängig vom fehlenden Geld: drastische Einschränkungen und Veränderungen des bisherigen Lebenszuschnitts, Aufzehrung sämtlicher finanzieller Reserven, Verkauf des Autos, Verkauf des Hauses und Umzug in eine Wohnung; soziale Scham und Isolation, Einengung des Interessenfeldes durch Fehlen von Reisen und Sozialkontakten; Depressionen, psychosomatische Krankheiten; Streit mit der sozialen Umgebung, Verlust der Selbstachtung; Ehescheidungen; Kriminalität (der Anteil der Arbeitslosen bei Betrugssachen, Diebstahl und Mord ist doppelt so hoch wie in der Bevölkerung); Alkoholismus und

Drogenabhängigkeit (fast ein Viertel der Straffälligen gegen das Betäubungsmittelgesetz sind jugendliche Arbeitslose). Indirekt wird durch Arbeitslosigkeit der Eltern auch das Lebensglück von Kindern bedroht. Untersuchungen zeigen, daß Kinder von arbeitslosen Vätern oder Müttern fast immer in Außenseiterrollen gedrängt sind, wenig Freunde besitzen, bei gemeinsamen Aktivitäten nicht teilnehmen, niemand zu sich nach Hause einladen und keine anderen Kinder besuchen. Sie sind stärker als andere an Kinder- und Jugenddelikten beteiligt, zeigen Anfälligkeit für Drogen und Alkoholismus, sind auch häufiger krank als andere Kinder.

Macht Geld glücklich? Es sieht so aus. Jedenfalls kann es Leid mindern. Diese Gegenrechnung ist imponierend. Wer sich jetzt noch hinstellt und verkündet, soziale Sicherung und Wohlfahrtspolitik führten nur zu Überdruß, Langeweile und Verantwortungslosigkeit, kennt die Wirklichkeit nicht. Die Rede von der ›Wohlstandsgesellschaft‹ ist zu undifferenziert, und was das Thema Glück angeht, so lassen sich pauschale Urteile über den Zusammenhang von Wohlstand, Wohlfahrt und Geld nicht machen. Man muß sich die Verhältnisse ansehen. Dann wird man erkennen, daß die Beziehung von Geld und Glück nicht in einem Urteil einzufangen ist.

Daß eine solche Beziehung besteht, kann nicht strittig sein. Geld ist eine abstrakte Größe, die deshalb mit Lebensqualität zu tun hat, weil sie sich in unterschiedlichste Lebenschancen verwandeln läßt. Wer Geld hat, kann mit vielen Faktoren bei seiner Lebensplanung souveräner umgehen. Er muß sich nicht jetzt den Kopf zermartern mit der Frage, ob er später auch über die Mittel verfügen wird, die er jetzt in die Rechnung einbringt. Daher das Sprichwort »Geld macht nicht glücklich, aber es beruhigt ungemein«.

Erst auf einem sehr hohen ökonomischen Niveau

bringt Geld auch Sorgen mit sich. Der Neid des Habe-
nichtses (»Dessen Sorgen möchte ich haben«) ist in seiner
Berechtigung schwer zu veranschlagen. Meist bezieht er
sich nur auf das Geld, das der Ärmere in Gedanken zur
Befriedigung seiner eigenen Bedürfnisse verwendet,
nicht aber auf die ›Sorgen‹, das heißt eine völlig andere
Bedürfnislage des Reichen: eine wesentlich größere Dif-
ferenzierung der Bedürfnisskala und Leidquellen aus psychischen und sozialen Bedingungen, die als Folgen von
Reichtum nicht weniger schmerzlich erfahren werden.
Freuds Patienten stammten mehrheitlich aus der Groß-
bourgeoisie Wiens, und erst in unseren Tagen haben sich
zusammen mit den luxuriösen Verhältnissen dieser Klasse auch ihre Krankheiten verbreitet. Das ist kein Grund,
die Verbesserung unserer wirtschaftlichen Verhältnisse
zu schelten und sich prinzipiell gegen das politische Ziel
einer Wohlstandsgesellschaft zu erklären, mit ihren großen Glückschancen. Aber der Weg dahin ist noch weit,
und vorläufig bleibt es sinnvoll und notwendig, die verschiedenen Formen von Geldsorgen in unserer Gesellschaft deutlich zu unterscheiden.

Ist das Glück fortgeschritten?

Die Frage ist doppelsinnig, und so ist sie gemeint: Der Glaube an ein mit der Zeit vermehrbares Glück ist heute in eine Krise geraten, vielleicht die größte in der Geschichte des Fortschritts.

Schon immer gab es warnende Stimmen: In Wahrheit gebe es keinen Fortschritt, und wenn, dann sei er eher ein Verhängnis. Jedenfalls sei das Glück des Menschen nicht zu steigern.

Einerlei, ob als Hoffnung oder Verhängnis, als Chance oder als Bedrohung beurteilt: Fortschritt ist offenbar eine Kategorie menschlicher Existenz. Wo liegt seine Quelle?

»Die Neugierde ist das Merkmal eines endlichen Wesens mit unendlichen Ansprüchen.« Diese schöne Definition stammt von Hans Blumenberg, der die Rolle der Neugierde in der Geschichte der abendländischen Zivilisation beschrieben hat. Neugier sorgt für Veränderung und Entwicklung. Mögen die Zeiten geschichtslosen Verharrens noch so lang sein, irgendwann leidet es jemanden nicht mehr zu Hause, irgendwann baut jemand ein Boot, irgendwann entdeckt jemand das Rad oder Sternenumläufe, den Reißverschluß oder das Plutonium.

Fortschritt? Ja, jedenfalls im Sinne eines buchstäblichen Fortschreitens des Wissens und Könnens. Fortschritt als Glückssteigerung? Hier trennen sich nicht nur Geister, sondern ganze Kulturen und Epochen.

Wenn Neugier und Lebensglück etwas miteinander zu tun haben sollen, müßte sicher sein, daß ein Zuwachs an

Wissen bestimmten Bedürfnissen des Menschen zugute kommt. Darüber aber gehen die Meinungen bereits auseinander. Ausgerechnet Voltaire, der doch vom Fortschritt eine Menge hielt, gab zu bedenken, daß die Neugier für *ein* Feld menschlicher Glückserfahrung nichts bringt: für seinen Umgang mit anderen Menschen. Das Problem des sozialen Verhaltens sei nämlich keines der Erkenntnis. Ähnliches meint auch Lessing, wenn er in der Komödie ›Der Freigeist‹ (1749) jemanden sagen läßt: »Wir sollen glücklich in der Welt leben; dazu sind wir einzig und allein erschaffen. So oft die Wahrheit diesem großen Endzwecke hinderlich ist, so oft ist man verbunden, sie beiseite zu setzen . . .« Andererseits war es ebenfalls Lessing, der meinte, den Menschen zeichne weniger der Besitz der Wahrheit als die Neugier auf sie aus: »Denn nicht durch den Besitz, sondern durch die Nachforschung der Wahrheit erweitern sich seine Kräfte, worin allein seine immer wachsende Vollkommenheit besteht.« Mit seiner Schrift ›Erziehung des Menschengeschlechtes‹ (1780) reihte sich Lessing in den Kreis derer ein, die an die Vervollkommnung des Menschen glaubten, im Sinne einer fortschreitenden Verbesserung seiner Fähigkeiten und seiner Umstände.

Wissenschaftliche Neugier hatte sich schon im 17. Jahrhundert auch dem Feld menschlicher Sozialität zugewandt, und seither sind viele Psychologen und Soziologen im Gegensatz zu Voltaire überzeugt, daß sich menschliches Glück durch Steuerung und Änderung seines sozialen Verhaltens steigern lasse.

Zum Schlagwort wurde Fortschritt im 19. Jahrhundert. Entdeckungen und Erfindungen überstürzten sich, immer neue Wissenschaften etablierten sich, und der Glaube an den Fortschritt wurde zur Signatur der Epoche. Aber es gab auch kritische Stimmen. Der Historiker Ranke ließ Fortschritt nur im Bereich der materiellen Interessen und in allem, was sich sowohl auf die Erkenntnis als auf die Beherrschung der Natur bezieht, gelten, »in moralischer Hinsicht aber läßt sich der Fortschritt nicht verfolgen«, und Nietzsche konstatierte, der Fortschritt sei »bloß eine moderne Idee, d. h. eine falsche Idee . . . Die ›Menschheit‹ avanciert nicht, sie existiert nicht einmal.«

Nietzsches Fortschrittskritik greift tief an, sie zielt auf den Grund der abendländischen Idee einer Erziehung oder Selbsterziehung des Menschengeschlechtes zu höherer Vollkommenheit. Sie war der Grund für die atemberaubende Geschwindigkeit der europäischen Entwicklung auf allen Gebieten.

Am Anfang stand der Glaube der Juden an die göttliche Verheißung einer glücklichen Zukunft. In der Wüste träumten sie vom Paradies, im Exil grüßten sie einander »nächstes Jahr in Jerusalem«, und je verzweifelter die Lage war, desto eigensinniger vertrauten sie auf den Bund mit ihrem Gott und die darin beschlossene Verheißung. Immer wieder fanden sich Propheten, die diese Dialektik plausibel machten: je schlimmer die Demütigung, desto größer die Erhöhung; je drängender die Not, desto reicher der Überfluß.

Kern der jüdischen Theologie ist die Hoffnung. Aus Verzweiflung geboren, zeigt sie Ziele der Sehnsucht. Wer der Verheißung traut, kann der Realität spotten und sich auf das himmlische Jerusalem freuen.

Das Gegenstück zu dieser geschichtsbesessenen Theologie ist das Weltverständnis der orientalischen Religionen, auch der griechischen Philosophie. Quell ihres Weltverständnisses ist nicht ein Glaube gegen allen Augenschein, sondern die Evidenz der Natur, mit ihrer Wiederkehr von Frühling, Sommer, Herbst und Winter. Solches Kreisdenken eröffnet für die Zukunft keine neuen Aspekte, sondern verspricht Glück nur demjenigen, der im Einklang mit der Natur leben will.

Die Hoffnung wurde deshalb von den Griechen eher skeptisch beurteilt. Sie gehörte zu den Übeln in der Büchse der Pandora, weil sie den Menschen die Zukunft in einem trügerisch-optimistischen Lichte zeigt. Wennschon sie die geplagten Menschen befähigt, Durststrekken des Leides durchzustehen, kann sie doch letzten Trost nicht bringen. Erfüllung und Versagung findet der Mensch innerhalb der Natur. Sie überschreiten zu wollen bedeutet Vermessenheit. Hybris aber wird stets mit einem Fall bestraft, dessen Tiefe der überspannten Maßlosigkeit entspricht. Der Mensch ist sterblich und kann deshalb seine Natur nicht übersteigen.

Gerade diesen Überstieg, ›Transzendenz‹, lehrt die jüdische Religion und später das Christentum. Das Diesseits ist nur ein Durchgangsstadium zum himmlischen Jerusalem; das wahre Leben ist das zukünftige; wer glaubt und hofft, der wird das ewige Leben erringen: Glück in der Zukunft. Dieser Glaube hat eine ungeheure Dynamik in Gang gebracht.

Dabei wirkte ein paradoxer Zusammenhang: Je schwächer der Glaube an das himmlische Jerusalem wurde, desto stärker wurde die Tendenz, das Paradies auf Erden zu erwarten und herbeizuführen. Die frühen Christen hatten sich noch an die Weissagung der Bibel gehalten, das Gottesreich kündige sich in der Verschlechterung der irdischen Verhältnisse an. Hegel aber sah in der Weltgeschichte das Feld menschlicher Selbsterlösung, durch immer neue Runden von »Fortschritt im Bewußtsein der Freiheit«. Karl Marx erklärte alle Geschichte zur Vorgeschichte eines sozialen Paradieses, das ebenso wie das christliche keine Geschichte mehr kennt, weil sein Glück nicht vermehrbar ist: Die Neugier ist zur Ruhe gekommen. Das heilsgeschichtliche Schema der Juden und Christen aber behielt er bei: das Urparadies (einer eigentumslosen Gesellschaft), den Sündenfall (der Klassengesellschaft), die Heilsbotschaft (von der proletarischen Revolution), das Endparadies (der klassenlosen Gesellschaft).

Das ist eine merkwürdige Sache und Grund zur Verwunderung: daß die abendländische Menschheit, nachdem die Hoffnung auf die christliche Verheißung verschwunden war, nicht zu einem realistischen Geschichtsverständnis zurückkehrte, sondern fortfuhr, in Kategorien des Fortschritts zu denken. Selbst als Geschichtsphilosophie negativ wurde und man statt Fortschritt Niedergang und Verfall prophezeite, blieb die Vorstellung eines *Zieles* der Geschichte unter der Frage ›Wohin gehen wir?‹ unangefochten.

Es hat Philosophen und Historiker gegeben, die den Widerspruch einer Fortschrittsidee ohne den Kern des jüdisch-christlichen Heilsglaubens kritisierten und aus dieser Unlogik auszubrechen versuchten. Jacob Burckhardt vertrat gegen Hegel die Meinung, die Geschichte liefere keineswegs Anhaltspunkte für irgendeine Art von Fortschritt, sondern lediglich immer neue Anschauungsfelder für die menschliche Natur, die aber gerade nicht fortschreite. Sein Baseler Kollege Friedrich Nietzsche hat in immer neuen Attacken auf das Christentum versucht, zum griechischen Kreislaufdenken zurückzufinden. Heute, in Zeiten eines schwindenden Fortschrittsoptimismus, besinnt man sich wieder auf ihn. Im ›Konkursbuch‹ findet sich der Satz: »Geschichtliche Hoffnung hört auf, sich an die Kategorie des Fortschritts zu binden ... Wäre Geschichte in der Hand der Menschen, so könnte jeder einzelne an ihrer Zukunft verzweifeln.«

Aber so einfach ist die Sache nicht. Auch falsche Ideen haben Zukunft, und es gibt so etwas wie ein Verhängnis des Fortschritts. Nachdem die abendländische Menschheit unter höchst fragwürdigen Prämissen eine rasante Fortschrittsgeschichte hinter sich gebracht hat, kann sie heute nicht mehr aussteigen. Nicht einmal den Gedanken des Fortschritts selbst kann sie hinter sich lassen, nachdem er inzwischen die ganze Menschheit von weiteren Fortschritten abhängig gemacht hat. Wir alle rechnen mit solchen Fortschritten, und die menschliche Kultur wäre ohne sie verloren. Auch wer nicht daran glaubt, daß Fortschritte auf diesem oder jenem Felde das Glück vermehren, kann auf sie nicht verzichten. Nachdem wir unsere Existenz auf Fortschritt gebaut haben, ist er zu unserem Lebensgesetz geworden, sei es zu unserem Glück oder Unglück.

Kann Neugier als stammesgeschichtlicher Motor für den Fortschritt gelten, so liefert das Stichwort ›Aufklärung‹ seine Philosophie: Wenn der Mensch weiß, was die Welt im Innersten zusammenhält, kennt er die Koordinaten seiner Existenz und kann sein Leben ihnen entsprechend einrichten. Dann wird er sein Glück nicht verfehlen, denn er operiert innerhalb einer gesicherten Bedürfnisskala.

Dieser Gedanke hat viel für sich und liefert bis heute das Fundament für jeden Fortschrittsoptimismus. Und doch täuschte sich der Mensch oft über die Bedingungen seines Glücks, zu wenig weiß er immer noch von seinen Lebensbedingungen. Heute fragen wir, ob der Mensch je die notwendigen Faktoren und Perspektiven zusammenbringen wird, um alle Fortschritte an Entdeckungen, Erfindungen und Entwicklungen so aufeinander abzustimmen, daß ein zweifelsfrei positives Resultat dabei herauskommt. Jedenfalls machen wir heute Gegenrechnungen auf und finden Dysfunktionen für viele Erfindungen, die man früher naiv als Errungenschaften des Fortschritts pries. »Wir halten mit unserer Entwicklung nicht Schritt«, befürchtet Ernst Jünger. Wir ahnen Abhängigkeiten weit entfernter Felder des komplizierten Ökosystems Erde. Wir haben Sorge, ob das Verhältnis des menschlichen Klein- und Großhirns Planungen erlaubt, welche die Sammler und Jäger vor zehntausend Jahren nicht anzustellen brauchten, um als Gattung zu überleben.

›Überleben‹ ist für viele inzwischen zum einzigen Fortschrittsziel geworden. Bisher bezeichnete das Wort das nachträgliche Urteil über den Evolutionserfolg einer Art. Heute kann sich die Menschheit zum ersten Mal ihr Ende als das Resultat ihrer Fortschrittsgeschichte vorstellen. Überleben ist kein Ziel, sondern nur ein Resultat, und zwar ein höchst unbestimmtes, das zeigen die globalen Verlautbarungen von ›Ökopax‹. Bisher stritt man um die Gestalt des Menschen, die er in Zukunft annehmen solle. Das war der Inhalt aller Fortschrittsphilosophien. Die Aufrufe zum Überleben erinnern dagegen eher an ihren prophetischen Beginn: »Tut Buße, denn das Weltenende naht!«

Apokalyptische Beschwörungen taugen nichts. Was hilft, sind nur weitere Fortschritte. Wir haben die Erde in Regie genommen und müssen weiterregieren. Das meinen auch fast alle westdeutschen Bürger, befragt, ob sie ›Fortschritt‹ für wichtig halten.

Selbst wenn die Fortschrittsidee in ihrer europäischen Form ein grandioser Irrtum war und den Weg zur Katastrophe öffnete statt zum erwarteten Glück, können wir uns nicht einem alt-neuen Schicksalsglauben überlassen. Das hieße, den Kopf in den Sand zu stecken und uns dümmer zu stellen, als wir sind: durch Fortschritt geworden sind.

Wir kommen also nicht darum herum, weiterhin nach dem Sinn von Fortschritten zu fragen. Das bedeutet wesentlich ein Vergleichen von damals und heute, von vorher und nachher. Das große Thema des Fortschritts ist der Komparativ. Die Grammatik bezeichnet die Sache: schneller, dauerhafter, wirkungsvoller, haltbarer, sicherer, gesünder, bequemer, schöner, humaner . . .

Beginnen wir mit einem vergleichsweise einfachen

Komparativ, der Verlängerung der durchschnittlichen Lebenszeit von dreißig oder vierzig Jahren auf Mitte siebzig in unserer Zeit. Ist das kein Fortschritt? Ist das kein Glück? Zwar liefert die durchschnittliche Verlängerung des Lebens keine prinzipielle Horizonterweiterung, denn alte Menschen hat es immer gegeben; wohl aber wird diese Erfahrung jetzt vielen Menschen möglich. Und wenn man dem Lebenswillen des Menschen axiomatischen Rang zubilligt, wird man in der Erhöhung der Lebenserwartung einen Fortschritt sehen können. Dies gilt um so mehr, wenn man die leidvollen Erfahrungen der Kinder- und Müttersterblichkeit und einer durch Krankheit und Seuchen früh dahingerafften Jugend in Rechnung stellt. Der Mensch kann von Natur siebzig Jahre alt werden, also wird er es auch wollen. Dies alles gilt allerdings nur unter einer Bedingung: Die Verhältnisse müssen erträglich sein. Also kein Hunger, kein Siechtum, keine Einsamkeit.

Man sieht, das Problem ist komplex. Und ehe wir es gedacht, sind wir bei der Frage, ob Brille, Zahnprothese und Hörgerät Glücks-Fortschritte sind, dazu Invaliditäts-, Krankheits- und Altersversicherungen. Wer da Zweifel hat, lese einmal in Biographien früherer Jahrhunderte die Beschreibungen unerträglicher Zahnschmerzen und des Leides, das die Menschen durch frühen Ausfall der Zähne heimsuchte, mit allen gesundheitlichen und sozialen Folgen. Zu den Fortschritten, die hier in Rede stehen, gehört auch die Entdeckung schmerzlindernder Mittel. Sie ist uralt und diente stets dem Ziel, Menschen nicht leiden zu lassen ›wie ein Tier‹.

Wer gegen den Fortschritt bei Schmerzmitteln und Nierensteinentfernung zu Felde zieht, hat es schwerer als derjenige, der den Fortschrittswert von automatischen Korkenziehern oder Fuß-Sprays in Frage stellt. Da die meisten Menschen am Leben bleiben wollen, darf man alle lebenssichernden und lebensverlängernden Erfindungen wohl Fortschritte nennen, nicht zum Glück selbst, sondern als mögliche Bedingungen, Glück überhaupt zu erfahren, vielleicht zu steigern. Fortschritte auf dem Felde der Medizin sind die wenigst strittigen. 95 % der Bundesbürger meinen denn auch, Fortschritt in der medizinischen Forschung solle man fördern. Sie wissen, daß ihnen mit mangelnder Gesundheit die wichtigste materielle Voraussetzung für die meisten Glückserfahrungen fehlt. Das gilt nicht nur für gutes Essen bei krankem Magen, für Bergwanderungen mit schwachen Beinen und das Liebesleben von Impotenten, sondern auch für Bereiche, die weniger dicht an der Körperlichkeit angesiedelt sind. Geselliger Umgang, gelöste Heiterkeit, das Glück künstlerischer und geistiger Tätigkeit, alles dieses leidet unter körperlichen Belastungen.

Kritik an medizinischen Fortschritten betrifft selten den Sinn von Heilung und Lebensverlängerung an sich, sondern die Bedingungen, unter denen ein Leben noch für lebenswert gelten soll. Diese Überlegungen sind aber nicht medizinischer Natur. So gelten manche medizinischen Geräte und Techniken für fragwürdig, weil sie so teuer sind, daß sie nur sehr wenigen Bürgern einer Nation zugute kommen werden. Für die Länder der Dritten Welt jedenfalls bedeutet Fortschritt auf medizinischem Feld noch weniger als bei uns die Weiterentwicklung hochspezialisierter Kenntnisse und Fähigkeiten, sondern vorerst eine ärztliche Grundversorgung der breiten Schichten.

Während bei fast allen Krankheiten die Sterblichkeit unverändert rückläufig ist, sind fünf Risiken, welche die Menschen durch ihre Lebensweise selber zu verantworten haben, dramatisch gestiegen: Herzinfarkt, Lungenkrebs, Leberzirrhose, Zuckerkrankheit und die Folgen von Straßenverkehrsunfällen. Diese Krankheiten und

Unfälle machten 1952 nur 14% der Todesfälle aus, 1971 waren es 35%, 1980 fast 40%. Man schätzt, daß in naher Zukunft die Hälfte aller Menschen in den westlichen Industrieländern durch Rauchen, Übergewicht, Alkoholmißbrauch, Bewegungsarmut, Überernährung und schlechte Verkehrsgesetze zugrunde gehen wird.

Für eine Philosophie des Glückes interessant sind auch Diskussionen über die Möglichkeit der Veränderung des Menschen selbst, im Wege von Eingriffen in den Genbestand. Hier geht es in der Tat um Prinzipielles, wenn folgende Perspektive in den Bereich des Machbaren rückt:

Eine Frau, die kein Kind mehr haben kann, wünscht sich die Eizelle einer Spenderin, die nicht anonym, sondern mit ihr genetisch verwandt sein soll. Sie entscheidet sich für die eigene Tochter. Ein amerikanisches Gericht muß darüber entscheiden, ob die (Sozial-)Mutter auch Großmutter des Kindes und die Eizellenspenderin nicht nur dessen genetische Mutter, sondern auch seine Schwester sein darf. Solche Verhältnisse kamen bisher in der Menschengeschichte nicht vor.

Man kann fragen, ob es sie geben soll, und die Frage wird von Philosophen, Theologen und Juristen diskutiert.

Der Technikphilosoph Hans Jonas ist überzeugt, daß die Gentechnik, wenn sie einmal vorhanden ist, auch genutzt werden wird, und zwar zunächst durchaus im Sinne des hippokratischen Eides (zum Beispiel durch nachhaltige Heilung von Erbkrankheiten). Trotzdem sieht er schwere Bedenken auf der Gegenschale der Waage: das Risiko, eine Mißbildung zu produzieren, die Irreversibilität biogenetischer Kunstfehler, die Tatsache, daß die Auswirkungen auf kommende Generationen nicht bekannt sind, die Versuchung, die Gattung Mensch zu verändern. Mit der Genmanipulation betritt der Mensch wieder Neuland und kappt seine rückwärtigen Verbindungen gleich doppelt, als Kulturwesen und als Naturwesen. Es ist wohl kein Zufall, daß menschliche Genveränderungen zuerst im Blick auf bessere Existenzbedingungen im Weltraum diskutiert wurden.

Scheint es auf dem Felde der Medizin immerhin möglich, von Fortschritten zu sprechen, ohne daß Dysfunktionen die Bilanz gleich wieder ins Minus bringen, so weisen andere Fortschrittsfelder starke Ambivalenzen auf. Längst fragt man sich, ob man die ständig wachsende Beschleunigung unserer Verkehrsmittel einen Fortschritt nennen soll. Die internationale Luftfahrtausstellung 1986 wies die Richtung: In einigen Jahrzehnten wird man in einer Viertelstunde von Europa nach Amerika reisen können, und selbst Australien soll dann nur noch eine gute Stunde entfernt sein.

Schon die nächste Zukunft eröffnet dramatische Perspektiven. In den neunziger Jahren werden Züge mit 350 Stundenkilometern dahinbrausen, immer stur geradeaus, weil die Hochgeschwindigkeitsstrecken nur Kurven mit einem 7000 m-Radius zulassen. Gegenwärtig sind fünfhundert neue Bahnkilometer in Bau und weitere in der Planung, Berge durchbohrend, Landschaften zerschneidend, Täler überspannend. Der Fahrgast wird verwöhnt, mit Telefon am Sitz, Musikprogramm im Kopfhörer, Fernsehen, alles klimatisiert und von Hannover nach Würzburg nur noch zwei Stunden. Fortschritte? Fortschritt?

Da wird man leicht zum Nostalgiker und hat es nicht schwer, Gegenargumente zu finden. Bei solchen Blitzreisen vergeht einem nicht nur das Sehen, sondern auch das Gefühl der Unterschiede zwischen Landschaften und Kontinenten. Wer früher mit der Queen Mary von Cherbourg nach New York fuhr, brauchte fünf Tage und wußte, wenn er ausstieg, daß er einen anderen Erdteil betrat. Wer noch früher ohne Eisenbahn durch die Toskana fuhr, konnte seinen Weg leicht so wählen, daß er die eine oder andere Villa am Weg sah. Heute geraten nicht nur amerikanische Touristen nach Ende ihrer zweiwöchigen Europatrips beim Zeigen ihrer Dias häufig in die fatalsten Irritationen. Bald wird für die ganze Welt gelten, was Rudolf Borchardt im Blick auf italienische Städte und Landschaften schrieb: »Das Italien unserer Ahnen ist, seit die Eisenbahnen es für den Verkehr erschlossen haben, eines der unbekanntesten Länder Europas geworden!« Dieses nostalgische Urteil wird von drei Vierteln der Westdeutschen geteilt. Nur ein Viertel hält die Entwicklung von Zügen, die viel schneller fahren als bisher, für einen förderungswürdigen Fortschritt.

Ein besonders dramatisches Beispiel für einen Fortschritt, dessen Sinn heftig umstritten ist, liefert das Fernsehen. Die einen loben es als Bildungsmittel, die anderen behaupten, es werfe die Menschheit hinter die ersten Anfänge ihrer Kulturentwicklung zurück. Diese Kritik trägt folgende Argumente vor:

Der Mensch ist von Natur ein Augentier, verdankt seine Kulturentwicklung aber der Sprache. Er hat sie sozusagen gegen seine Natur entwickelt und aus ihr einen großen Symbolschatz für unterschiedlichste Verwendungen gemacht: kommunikative Verabredung, kooperative Planung, wissenschaftliche Analyse, Weitergabe des Wissens über Generationen.

Jedes Kind muß viel Mühe und ein gewisses Maß an Askese aufwenden, um sich in die Tradition dieses Symbolbestandes und die Technik gedanklicher Disziplinierung einzufädeln: gegen die Verlockungen der Sinne, des bloßen Scheins, der Zerstreuung, welche die rasch wechselnden Bildeindrücke bieten. Alle Hochkulturen sind geprägt von dem philosophischen Gegensatz zwischen Sein und Schein, Wahrheit und Meinung, Vernunft und Sinnenwelt.

Die Erfindung der Schrift brachte nicht allein Fortschritte für diese Wortkultur. Plato sah nur Verluste: Die Schrift schwäche das Gedächtnis, lasse die Sprache durch Stummheit verkümmern, nehme keine Rücksicht auf die Adressaten, weil jeder einen Text lesen könne, und erspare schließlich dem Autor das Einstehen für seinen Text durch zusätzliche Argumente und die stets erforderliche Diskussion.

Was Plato nicht bedachte, war die Kehrseite dieser Nachteile: Schriftlichkeit bedeutet Speicherung und garantiert damit die Wiederaufnahme von abgerissenen Traditionen, überhaupt das Aufsuchen früherer kultureller Bestände. Sie erlaubt damit das ›Gespräch‹ zwischen längst Gestorbenen, nach Jahrhunderten und an ganz anderen Orten und mit jedermann, der die Sprache versteht. Der Buchdruck förderte diese Tendenz zur Ausbreitung noch einmal. Jetzt wandte sich Geschriebenes nicht mehr an eine Elite, sondern erreichte jeden, der lesen konnte. Demokratische Perspektiven eröffneten sich für die politische Kultur.

Mit dem Fernsehen verläßt die Menschheit diesen Jahrtausende langen Weg ihrer Wortkultur. Die ›Ansprache‹ dieses Mediums bedeutet eine ›Regression‹ im wörtlichsten Sinne: auf die ursprüngliche Anlage des Menschen als Augentier. Wechselnde optische Eindrücke statt diskursiver Vernunft, Augenschein statt Argument. So jedenfalls lautet die Kritik, die immer wieder vorgetragen wird. Bevor Neil Postman seinen Bestseller ›Wir amüsieren uns zu Tode‹ landete, hatte schon Günther Anders die These vertreten, das Fernsehen liefere nicht Information, sondern Unterhaltung. Es sei wahrhaft entwaffnend, weil der Mensch sich gegen seine Verlockung nicht zu wehren vermöchte. »Unter den Mächten, die uns heute formen und entformen, gibt es keine mehr, deren Prägekraft mit der der Unterhaltung in Wettbewerb treten könnte.«

Der Fernsehunterhaltung bedienen sich alle, einerlei, ob sie etwas zu ›sagen‹ haben oder nicht. Je spannender die Story und je kleiner die Häppchen, desto mehr Aussicht, ›Gehör‹ zu finden.

Neil Postman spricht denn auch geradezu von Anti-Kommunikation: »Ich gehe so weit, zu behaupten, daß dem surrealistischen Rahmen der Fernsehnachrichten eine Theorie der Anti-Kommunikation zugrunde liegt, die einen Diskurstypus propagiert, der Logik, Vernunft, Folgerichtigkeit und Widerspruchslosigkeit preisgegeben hat. In der Ästhetik bezeichnet man diese Erscheinung zumeist als Dadaismus, in der Philosophie als Nihilismus, in der Psychiatrie als Schizophrenie. Die Theatersprache kennt sie unter dem Namen Variété.«

Dieser Fortschritt wäre also ein Rückschritt, sogar ein eindeutiger, weil seine Dysfunktion nicht auf anderen Feldern, sondern in ihm selbst liegt. Man ist optisch überall dabei und scheinbar bestens informiert, versteht aber nichts. Dieser Ansicht sind selbst Fernsehleute. Günter Gaus vermutet, daß mit dem Sieg des Fernsehens eine der Grundvoraussetzung unserer Kultur, die rationale Mündigkeit des Publikums, vernichtet wird: »Das Fernsehen, mit dem sich die Aufklärung zu vollenden scheint, mit dem sie in jede Stube kommt, trägt zum Ende der Aufklärung entscheidend bei.«

Natürlich gibt es Überlegungen zur Einübung eines angemessenen Umgangs mit dem Fernsehen. Statt den Unterricht durch seine Nutzung zur Unterhaltung verkommen zu lassen, sollte man in den Schulen Kritikfähigkeit einüben. Manche Fernsehmacher arbeiten sozusagen gegen die Gesetze des Fernsehens. Die Ein-Stunden-Interviews von Günter Gaus sind ein Beispiel dafür: zwei Sessel, zwei Personen, ein intensives Gespräch mit viel

Zeit für Fragen und Antworten, keine Kameragags, gesammeltes Nachdenken, diskursive Anstrengung. Allerdings könnte man das für sehr viel weniger Geld auch im Radio haben, unabgelenkt durch das ständige Starren auf zwei Gesichter und den Stimmen lauschend, die an seismographischen Schwingungen mehr übertragen als Mimik, die man leicht verstellen kann.

Der Bundesbürger sitzt durchschnittlich zwei Stunden am Tag vor der Scheibe, an Wochenenden länger. In den USA ist man bereits bei sechs Stunden, und amerikanische Kinder verbringen mit dem Fernsehen mehr Zeit als mit allen sonstigen Beschäftigungen, abgesehen vom Schlafen. Aber es gibt einen Hoffnungsschimmer: Die Wertschätzung des Fernsehens ist in den letzten zehn Jahren bei uns nicht mehr gestiegen. Obwohl der Anteil der Freizeit am Tag ständig stieg, sehen die Bürger der Bundesrepublik heute nicht mehr fern als zu Beginn der siebziger Jahre. Jugendliche verbringen sogar noch weniger Zeit damit als die Älteren. Freizeit bedeutet ihnen nicht zuerst Medienkonsum, sondern Selbermachen, Spontaneität, interpersonelle Kontakte, außerhäusliche Unternehmungen.

»Wenn der Mensch nur danach streben würde, glücklich zu sein, so wäre dies nicht so schwierig, aber er strebt danach, glücklicher zu sein . . .« Montesquieu, von dem dieser Satz stammt, kennt nur einen Gesichtspunkt für seine Behauptung, im Glücksstreben selbst liege die Forderung nach ständigem Fortschritt beschlossen: ›glücklicher als *andere*‹. Es gibt noch einen zweiten, er heißt ›glücklicher als *damals*‹ und bezieht sich auf die eigene Person. Untersuchungen zeigen immer wieder, daß Menschen die Frage nach ihrem Glück in die Form dieser beiden Komparative kleiden. Ja, glücklicher als meine Nachbarn oder Freunde, und: ja, glücklicher als in meiner Jugend oder vor fünf Jahren.

Der Vergleich mit früheren Phasen des eigenen Lebens

ist natürlich in hohem Maße unsicher. Eine vergangene Epoche erscheint stets in einer bestimmten Beleuchtung gegenwärtiger Einschätzung. Trotzdem muß dieser Komparativ für einen der stabilsten Glücksmesser gelten, aus folgendem sehr einfachen Grunde: Selbst wenn ich mich in meiner Vergleichung irrte, gehört dieser Irrtum zu meinem Leben und konstituiert meine Identität.

Was die Glücksvergleichung innerhalb der eigenen Biographie ungemein erschwert, ist eine Tatsache, die erst seit kurzer Zeit ins wissenschaftliche Bewußtsein getreten ist: Für die Bewertung unseres Glücks spielt nicht nur die Einschätzung unserer Vergangenheit, sondern auch unsere Zukunftserwartung eine entscheidende Rolle. Diese bildet sich aus den verschiedensten Quellen: bisherigen Erfahrungen, die man hochrechnet; gesamtgesellschaftlichen Eindrücken, die den eigenen Erwartungshorizont auch dann prägen, wenn man als Person nicht oder wenig von ihnen betroffen bleibt; Einflüssen der Medien, der Reklame, der verschiedenen Sozialisationsagenturen wie Beruf, Schule, Vereine. Alle diese Faktoren formen die Erwartungen, welche Menschen an die weitere Entwicklung ihres persönlichen Lebens stellen.

Daß solche Zukunftsperspektiven in die Einschätzung gegenwärtiger Lebensqualität eingehen, ist so überraschend wieder nicht, wenn man doch weiß, daß ›Sorgen‹ die seelische Verfassung stets mitbestimmen. Jede Kultur kennt Erzählungen von dem reichen Mann, der alles hat, was das Herz begehrt, aber sich dieses Glückes deshalb nicht freuen kann, weil er es in seiner Phantasie von allen Seiten gefährdet sieht. Sozialwissenschaftler versuchen, die Sorgen, die wir haben, zu kategorisieren, nach der zeitlichen Dimension oder danach, ob sie sich auf das eigene Leben oder das der Kinder, auf die Entwicklung von Krieg und Frieden, von Wirtschafts- und Arbeitskrisen, auf Beruf oder Gesundheit beziehen.

Dabei kommt ein paradoxer und doch logischer Zusammenhang heraus, der die Beurteilung von Aussagen über das Lebensglück ungemein schwierig macht. Ein Mensch, der viel von der Zukunft erwartet, ist leichter unzufrieden, wenn seine Hoffnung enttäuscht wird, und also weniger glücklich als einer, der diese Hoffnung nicht hatte. Je größer die Differenz zwischen der Zukunftserwartung und den gegenwärtigen Lebensumständen ausfällt, desto höher ist somit das Potential an Unzufriedenheit und subjektivem Unglück. Die Sozialforscher Glatzer und Zapf sprechen hier von dem ›Unzufriedenheitsdilemma‹. Im Blick auf diejenigen, die relativ zufrieden sind, weil sie aus Einsicht oder Resignation sich keinen Hoffnungen auf Besserung ihres Zustandes hingeben, sprechen sie vom ›Zufriedenheitsparadox‹.

Man sieht, mit welch großer Vorsicht Beurteilungen des eigenen Lebensglückes gewertet werden müssen. Das gilt verständlicherweise besonders für verschiedene Altersgruppen: Die Zukunftserwartungen älterer Menschen nehmen ab, man richtet sich ein und nennt sich schon glücklich, wenn die Verhältnisse nicht schlechter werden. Ganz anders die jungen Menschen. Sie liefern unter Umständen hohe Unzufriedenheitswerte, weil sie Sorge haben, die Zukunft werde ihre Erwartungen nicht erfüllen. Die Quellen solcher Ängste haben bei aller Verschiedenheit eines gemeinsam: Sie liegen weniger in der Person des sich ja erst entwickelnden Menschen, als in gesellschaftlichen, wirtschaftlichen und politischen Verhältnissen. Untersuchungen zeigen immer wieder die hohe Bedeutung dieser objektiven Bedingungen für die Glücksgefühle von Jugendlichen.

Der zweite Komparativ, der Vergleich mit den Lebensumständen einer Bezugsgruppe, ist gegenüber der Einschätzung der eigenen Glücksgeschichte etwas sicherer. Untersuchungen haben gezeigt, daß die meisten

Menschen sich nur Leute ihrer Art als Vergleichsgruppe aussuchen, also Freunde und Nachbarn oder Arbeitskollegen. Sie haben auch meist eine zutreffende Vorstellung vom Durchschnittsbürger. Wer bei einem solchen Vergleich schlecht abschneidet, nennt sich weniger glücklich: ›relative Deprivation‹.

Für solche Glückseinschätzung kommt noch ein wichtiger Gesichtspunkt hinzu: die Frage, ob man Ungleichheiten als ungerecht empfindet (ca. 13 %) oder bereit ist, solche Ungleichheiten prinzipiell zu billigen (ca. 70 %). Montesquieus These, der Mensch strebe danach, glücklicher zu sein als andere, müßte also leicht modifiziert werden: Der Mensch will, um glücklich zu sein, nicht schlechter dastehen als andere.

Trotzdem fürchten die Politiker das, was man die ›Revolution steigender Erwartungen‹ genannt hat. Es handelt sich hier um einen Sekundäreffekt des Fortschrittsglaubens: daß es immer besser wird. Diese Erwartung gehört bereits zur gegenwärtigen Realität, und leichteste Rückschläge können zu schwerer Beunruhigung führen. Wer an einen durchgängigen Fortschritt auf allen Gebieten glaubt, verliert diese Zuversicht leicht durch einen spektakulären Einbruch auf nur einem Gebiet. Als man noch an eine vernünftige Weltregierung Gottes glaubte, wurde dieses Vertrauen in die Vorsehung durch das Erdbeben von Lissabon im Jahre 1755 schwer erschüttert. Heute bedeutet Tschernobyl für viele einen solchen Vertrauenseinbruch in Sachen Fortschritt. Auf moralischem Felde war es Auschwitz und ist es heute unser Umgang mit den Völkern der Dritten Welt: Humanität scheint nicht vorangekommen zu sein. Die Zahl solcher Rückschläge ließe sich beliebig vermehren und würde immer aufs neue zeigen, daß, wer an den Fortschritt glaubt, stärker enttäuscht wird als jemand, der vom Fortschritt weniger und unter Gottes Sonne eher alles für möglich hält.

Aber hat sich das Glücksreservoir der Menschheit im Laufe ihrer Entwicklung nicht doch vergrößert? Oder ist der Mensch im Blick auf seine Glücksmöglichkeiten durch seine Natur begrenzt? Angenommen, es gäbe echte Fortschritte, so wie wir auf dem Felde der Medizin einige vermuteten, bleibt immer noch die Frage, ob sie die Menschen im ganzen glücklicher gemacht haben. Wieder haben wir es mit der Schwierigkeit des Komparativs zu tun: Die gegenwärtige Generation soll die Veränderung von Lebensbedingungen beurteilen, unter denen frühere Generationen gelebt haben. Wie soll man vergleichen?

Große Teile der Menschheit haben früher unter Kälte, schlechten hygienischen Bedingungen und Hunger gelitten. Aber sie kannten nichts anderes und akzeptierten ihr Schicksal als gottgewollt. Man kann vermuten, daß sie deshalb glücklicher waren als die vielen Millionen Menschen der Dritten Welt heute, die auch an der Grenze des Existenzminimums leben, aber wissen, was die Fortschritte in Agronomie, Technik und Medizin möglich gemacht haben. Vor allem jedoch haben sie eine andere Vorstellung von sozialer Gerechtigkeit. Diese wird ihnen durch die Fortschritte der Medientechnik vermittelt.

Was den Vergleich mit längst gestorbenen Generationen angeht, so ist noch größere Skepsis geboten. Trotzdem: Obwohl es kein Subjekt gibt, das als menschliche Person die Identität durch alle geschichtlichen Epochen durchhielte, kennen wir dennoch die Vorstellung einer durch Tradition verbürgten menschlichen Identität, mindestens innerhalb unseres Kulturkreises oder einer geschichtlichen Epoche. Deshalb bedauern wir die Menschen, die während des Dreißigjährigen Krieges lebten, und sind der Meinung, daß die Zeit zwischen 1871 und 1914 zu den glücklichsten gehörte. Das sagen natürlich nur Bürgerliche und vergessen dabei das Elend des Proletariats. Aber immerhin, innerhalb dieser Schicht traut man sich Vergleiche zu, obwohl niemand von damals mehr befragt werden kann. Ebenso wie wir zu verstehen versuchen, wie die Menschen im Mittelalter lebten, die Bauern auf dem Lande, die Bürger in der Stadt, der Adel auf seinen Landsitzen und am Hofe, so lesen wir Traktate über das Glück von römischen oder mittelalterlichen Autoren und versuchen zu verstehen, was sie damit meinten.

Gerade heute interessieren wir uns für die Glücksmöglichkeiten unserer Vorfahren, unter dem Eindruck, daß unsere eigenen problematisch sind. Das Wort Fortschritt ruft keine Begeisterung, eher Skepsis und Resignation hervor. Das Vertrauen der Bevölkerung in die Technik ist über die letzten zwanzig Jahre dramatisch gesunken. Auf die Frage »Glauben Sie, daß die Technik alles in allem eher ein Segen oder eher ein Fluch für die Menschheit ist?« meinten noch 1966 drei Viertel der Westdeutschen, sie sei eher ein Segen. Heute glaubt das nur noch knapp ein Drittel, von den jüngsten befragten Jahrgängen nur noch ein Viertel. Daß mit der Technik ›Freiheit‹, ›Vernunft‹ oder ›Sicherheit‹ verknüpft sei, meinte bei einem freien Assoziationstest 1981 nur ein Drittel unserer Bürger. Die große Mehrheit dagegen assoziierte Technik mit ›Macht‹ und ›Angst‹.

Dennoch können wir uns von der Fortschrittsidee nicht völlig verabschieden. Ein prinzipieller Ausstieg aus dem Fortschrittsschiff ist nicht möglich. Man mag diese Unumkehrbarkeit unserer zivilisatorischen Situation ein Verhängnis nennen, und vielleicht wird sie sich als Fluch erweisen. Dann wäre die Evolution des Menschen am Ende nicht auf sein Glück, sondern auf Selbstzerstörung gerichtet. Vieles spricht dafür. Dennoch müssen wir weitermachen, müssen sogar an Fortschritte glauben. Wie könnten wir sonst zum Beispiel hoffen, daß gegen die

Seuche AIDS ein Mittel gefunden wird? Die Schätzung, wie lange die Entwicklung eines Impfstoffes dauern wird, geht von Mittelwerten für solche Forschungen aus und rechnet also mit Fortschritten. Trotzdem gibt es viele unter uns, die sich nicht mehr an Fortschritt, sondern an unserer Herkunft orientieren wollen. Vor allem aber wächst die Zahl derer, die Glücksquellen nur noch im Ausstieg aus den traditionellen Koordinaten Herkunft und Zukunft vermuten.

Glück im Ausstieg

Vierunddreißig Jahre lang ist Gerhard Fischer Diplomat gewesen, zuletzt Botschafter in Bern. Heute hilft er einer Ärztin in der Nähe von Madras bei der Behandlung von Leprakranken. Jetzt ist er glücklich. Im Laufe seiner diplomatischen Karriere war es ihm »langweilig geworden, weiter die Exzellenz zu spielen, weil die Arbeit nichts Aufregendes bot«. Er ließ sich vorzeitig pensionieren und tut jetzt das, was er sich eigentlich für sein Leben vorgenommen hatte, als er 1940 mit dem Studium der Medizin begann. Nach Krieg und Gefangenschaft hatte er sich dann für die kürzere Jura-Ausbildung entschieden. Nun hat er sein Glück gefunden: als medizinischer Handlanger, unterwegs in Sachen Geburtenregelung und Seuchenbekämpfung, beim Geldbesorgen für den Erweiterungsbau der Leprastation. – Den heimatlichen Bauernhof am Chiemsee versorgt derweil seine amerikanische Frau Ann, die gut versteht, daß ihr Mann »einfach noch etwas tun muß«.

Gerhard Fischer ist ausgestiegen, und das gleich doppelt: Bauernhof und medizinischer Entwicklungshelfer. Statt Akten, Empfängen und Residenz jetzt Wundverbände, Krankentransporte und eine Unterkunft bescheidensten Zuschnitts.

Es gibt eine berühmte Parallele solchen Ausstiegs und Umstiegs: Manfred Könlechner. Er gehörte zur Geschäftsleitung des Bertelsmann-Konzerns, brach diese Karriere an ihrem höchsten Punkt ab und arbeitet seither in der Heilkunst, auch hier nicht in eingefahrenen Gleisen der Schulmedizin, sondern ›alternativ‹. Gegen Schlaflosigkeit empfiehlt er Schlangengift, gegen Krebs Taigawurzeln, gegen Bluthochdruck Aderlaß. Inzwischen gibt es ein ›Könlechner-Zentrum‹ im bayerischen Griesbach und ein ›Zentrum für Naturheilverfahren‹ in Timmendorf an der Ostsee. In Broschüren, Büchern und ›Könlechners Gesundheitsmagazin‹ wirbt er für seine Alternativmedizin.

Zum Botschafter a. D. Fischer gibt es allerdings einen wichtigen Unterschied. Könlechner ist wieder Manager geworden. Man mag also fragen, ob sein beruflicher Umstieg wirklich zu einer veränderten Lebensweise geführt hat. Immerhin hat sich der Sinn seiner beruflichen Aktivität geändert. Als Berufung gilt ihm jetzt, Menschen zu heilen.

Es gibt noch radikalere Ausstiege aus eingefahrenen Berufsgleisen. Der Theologie-Professor Gerhard Lohfink gab 1986 seinen Tübinger Lehrstuhl auf und schloß sich einer Münchner Gruppe an, die nach dem Vorbild der christlichen Urgemeinde leben und arbeiten will. Obwohl er an der Universität nicht unglücklich war, nahm er seinen Abschied, um dieser Idee der ›Integrierten Gemeinde‹ zu leben: Fünfhundert Christen sind in einem Netz gegenseitiger Hilfe verbunden. Sie betreiben eine Pumpenfabrik, stellen Druckmaschinen her, führen eine Gemeinschaftspraxis von Ärzten und unterhalten eine eigene Schule. Die Sozialämter vertrauen ihnen psychisch Labile, Drogenabhängige und vernachlässigte Kinder an. Gerhard Lohfink hat gefunden, was er in Forschung und Lehre vergeblich suchte: christliche Praxis.

Viele Menschen steigen heute aus ihrem erlernten Beruf aus, und Anzeigen wie diese aus der FAZ vom 3. 9. 86 sind keine Seltenheit mehr:

Aussteiger
Schweizer, Junggeselle, Jahrgang
38, Steinbock, noch im eigenen
Arch.-Büro im Tessin tätig,
möchte sein Dasein verändern.
Bin noch zu vielem fähig, in jeder Hinsicht frei und ungebun-
den, reisefreudig, auch nicht mit-
tellos. Sprachen D und I, F/E-
Kenntnisse. Gibt es noch DIE
Chance?

Sogar zur Fernsehreife hat es der Aussteiger inzwischen
gebracht. Die Serie ›Ein Mann macht klar Schiff‹ zeigte
Hans-Joachim Kulenkampff als berufsmüden Verleger,
der monatelang mit seiner Segeljacht im Mittelmeer her-
umschippert. Illustrierte lebten schon länger gut von
Ausstiegsthemen: Weltumsegelungen, Poona, Landkommunen und anderen Formen alternativen Lebens. Das
Thema ist ›in‹, und es muß Gründe dafür geben.

Die Gründe sind unterschiedlich, ebenso wie die
Glücksquellen, die in solchen Lebenswenden vermutet
werden. Erfüllen sich die einen mit ihrem Ausstieg einen
lange gehegten Wunsch, so treibt andere Abenteuerlust
und Neugier auf sich selbst: Wie werde ich mich in nie
gekannten Lagen verhalten? Bei manchen überwiegt der
Grund, sich abzustoßen aus dem bisherigen Trott, und
das Motiv der Wut auf Kleinkariertheit und Ungerech-
tigkeit. Das Leid am bisherigen Leben liefert die Kraft
zum Ausstieg: bloß weg!

Es gibt besonders günstige Zeiten für Aussteiger. Da
toleriert die Gesellschaft ihre Eskapaden und stellt sogar
institutionelle Formen für sie bereit, zum Beispiel das
Kloster. Das Christentum war in seinem Anfang eine
Ausstiegsbewegung. Erst als es genügend Menschen
gab, die mit dem herrschenden Zeitgeist unzufrieden und
mit den neuen Werten Nächstenliebe, Barmherzigkeit

und Friedensorientierung einverstanden waren, konnte es zur Weltreligion werden. Später gab es dann wieder Aussteiger: die Ketzer und Reformatoren. Das Christentum scheint eine den Ausstieg begünstigende, ja fordernde Religion zu sein: durch seine theologische Radikalität und seinen moralischen Rigorismus.

Jedes Jahrhundert kennt Phasen des Überdrusses an eingeschliffenen Lebensweisen und der Versuche, ihnen zu entkommen. So gab es im späten 19. Jahrhundert die *Bohème*. Vorformen waren in Deutschland der ›Sturm und Drang‹ und die Romantik. Die Bohème verstand sich als Anfang vom Ende des Bürgertums und irrte sich darin. Trotzdem wirkt ihre Kritik ebenso nach wie ihre Lebensweise. Bohémien heißt Zigeuner, und ›wie die Zigeuner‹ lebten die Künstler und Intellektuellen damals in den Hauptstädten Europas: ohne bürgerlichen Beruf, bedürfnislos, ›sittenlos‹. Man pries alle Formen des Ausstiegs aus dem Establishment und genoß das Glück des Abenteuers und den Leichtsinn. Feste und Narkotika erhöhten das Lebensgefühl. Eine ungeheuere Verachtung bürgerlicher Normen verband die Besucher des ›Café Größenwahn‹.

Ungefähr gleichzeitig mit dem Bohémien entwickelte sich ein anderer Aussteigertyp, der *Dandy*. Er war ein gesellschaftliches Paradox: eine repräsentative Existenz, aber in Nichtachtung herrschender Etikette. Mit dem Stoiker, einem antiken Aussteiger, teilte der Dandy die Haltung seelischer Unbetroffenheit. Motiv dafür war weniger eine philosophische Weltsicht, sondern eher ein Ekel an der Gesellschaft, dazu ein Vorsatz, der nur wirtschaftlich unabhängigen Menschen möglich ist: kein nützlicher Mensch zu sein. Als Quelle von Glück ließ der Dandy nur Schönheit gelten.

Eine andere Form des Ausstiegs von Angehörigen der herrschenden Klasse wurde durch einen Romantitel zum

Schlagwort: ›Oblomow‹ von Gontscharow. Seitdem das Werk 1859 erschien, gibt es den Ausdruck ›Oblomowerei‹ als Bezeichnung für die Verweigerung, sich in irgendeiner Form anzustrengen und am öffentlichen Leben Interesse zu nehmen. Lenin hat diese Haltung später als das russische Erbübel bezeichnet. Oblomow lebt als Edelmann in Petersburg, bezieht eine Rente, die ihm Leibeigene auf seinen Dörfern erwirtschaften. Der Staatsdienst hatte ihn gelangweilt. Seitdem er ihn quittierte, verbringt er sein Leben mehr oder weniger im Bett. Dort ißt er, empfängt Besuche, träumt vor sich hin und fühlt sich behaglich:

»War er morgens aufgestanden, so legte er sich gleich nach dem Tee auf den Diwan, stützte den Kopf in die Hand und überlegte, ohne seine Kräfte zu schonen, so lange, bis der Kopf zu guter Letzt von der schweren Arbeit müde wurde und bis ihm sein Gewissen sagte: Heute habe ich für das Allgemeinwohl genug getan. Dann erst entschloß er sich, von der getanen Arbeit auszuruhen, vertauschte die besorgte Pose gegen eine weniger geschäftsmäßig-strenge, die sich für Träume und ein bequemes Vorsichhindämmern besser eignete. Oblomow liebte es, wenn er die geschäftlichen Sorgen hinter sich hatte, sich in sich selber zu versenken und in der von ihm erschaffenen Welt zu leben.«

Der Ausstieg ins Nichtstun hat eine lange Tradition und sogar seine eigene Philosophie. Immer wieder wurden Bücher über das ›Lob der Faulheit‹ geschrieben. Ausgerechnet der Schwiegersohn von Karl Marx, Paul Lafargue, schrieb eines.

Auch das 20. Jahrhundert ist nicht arm an Aussteigerbewegungen. Ihre Formen reichen von wehleidiger Absonderung bis zu schärfstem Protest. Nach dem Zweiten Weltkrieg versuchten Hippies und Provos, Blumenkinder und Studentenbewegung Alternativen zur etablierten Gesellschaft. Das Wort ›beat‹ lieferte einer ganzen Generation das Stichwort. In ihm verbanden sich verschiedenste Motive: eine vom Establishment ›geschlagene‹ Jugend, der ›Schlag‹-Rhythmus des Jazz, der leidenschaftliche Wille zum ›glücklichen Leben‹ (beatitudo).

Neben immer neuen Formen von Jugendbewegungen hat es auch stets Versuche *künstlerischer Lebensgemeinschaft* gegeben, seit 1900 weniger in Großstädten als in bäuerlicher Nähe und in Landstrichen, die für unattraktiv galten: Dangast an der Nordsee, Hiddensee an der Ostsee, Worpswede im Teufelsmoor, Ascona in den Tessiner Bergen, Altaussee in der Steiermark.

Eine der größten Aussteigerbewegungen des 20. Jahrhunderts war der Erste Weltkrieg. Das galt jedenfalls für seinen Beginn und betraf alle an ihm beteiligten Völker. Man erwartete von ihm die große Befreiung von bürgerlicher Langeweile. Opfersinn und Hochherzigkeit versprachen Glückserfahrungen. Obwohl diese Erwartungen unter den Bedingungen des Stellungskrieges und der Entbehrungen zu Hause bald fragwürdig wurden, behielt der Krieg besonders in Deutschland für viele, die an ihm teilnahmen, die Gloriole herben Glückes.

Immer schon zählten *Kriege* zu den klassischen Ausstiegsmöglichkeiten. Sie boten als Ausnahmesituation ein intensives Lebensgefühl, stärkten durch Gefahr und Kampfgemeinschaft den Sinn für Solidarität, führten die Sinnstrukturen auf einfachste Dimensionen zurück, gaben Gelegenheit zu persönlicher Bewährung in bisher nicht gekannten Lagen und mobilisierten uralte ›jägerische‹ Instinkte. Viele Männer, die keine Haudegen und Landsknechtsnaturen sind, erinnern sich ihrer Kriegsjahre als einer glücklichen Zeit. ›Kriegskameraden‹ bleiben häufig Freunde fürs Leben. Trotz großer Gefahr sind die psychischen Belastungen im Krieg teilweise geringer als in komplizierten modernen Berufen. Der Soldat ist in seine militärische Einheit integriert, seine Sorge gilt sehr einfachen Dingen, Entscheidungskompetenzen sind innerhalb der Organisation genauestens geregelt. Man weiß, daß bestimmte psychosomatisch bedingte Krankheiten wie Magengeschwüre in der Armee nicht auftreten.

Die Glückserfahrungen, von denen Kriegsteilnehmer berichten, sind teilweise denen verwandt, die wir im bürgerlichen Leben in Gestalt von *Abenteuerurlaub*, Segeltörns oder anstrengenden Treckings kennen. Hier begibt man sich freiwillig in die Situation hoher Anspannung, auch einer gewissen Gefahr und jedenfalls der Notwendigkeit von Selbstversorgung, genauester Planung, einfachsten Werkzeuggebrauchs, der Vorbereitung auf medizinische Notfälle. Wer zu einer Atlantik-Überquerung abgelegt hat, mit seiner Seilschaft im Berg hängt oder tageweit von jeder menschlichen Behausung durch die Taiga wandert, ist für eine kurze Zeit zum Wikinger geworden. Immer wird dieses Glück beschrieben: als Mischung von Souveränität und Angst, von strengen Zwängen und freier Entfaltung. Auch die im Krieg dominierende Erfahrung absolut verläßlicher Gemeinschaft fehlt nicht: ›Seemannschaft‹, ›Bergkameraden‹. Auf der anderen Seite erfährt man absolute Einsamkeit als glücksspendenden Kontrast zur Massengesellschaft. Die Bundeswehr benutzt solche Sehnsüchte in ihrer Werbung: »Konditionstraining der Einzelkämpfer. Im unbekannten Gelände bestehen können . . .«

Angelpunkt dieser Glückserfahrungen ist der Kontrast zur Normalität. Als man Sir Francis Chichester nach seiner Weltumsegelung fragte, was ihm die größte Befriedigung verschafft habe, antwortete er: »Es ist das Gefühl, ein intensives Leben zu leben. Mich hat es immer am meisten befriedigt, eine große Idee zu haben, eine außergewöhnliche Aufgabe vor mir zu haben.« Auf die Frage, was er in den nächsten Tagen zu tun gedenke, antwortete er: »Es gibt viele Dinge, aber eines ist ganz sicher: ich sehne mich nach dem besten Dinner, hergerichtet vom besten Koch, inmitten der angenehmsten Gesellschaft . . .« Jetzt hat man wieder Sinn für den diskreten Charme der Bourgeoisie. Heide Vogt, als sie am Ende ihrer Weltumsegelung nach ihrer wahren Trauminsel gefragt wurde, antwortete: »Hamburg – das habe ich nach vier Jahren Segeln herausgefunden.«

Einer der weitestverbreiteten Gründe fürs Aussteigen ist vermutlich die *Langeweile*. Sie ist eine der schlimmsten Plagen der Menschheit und gehört deshalb zu den großen Themen der Philosophie. Psychologisch gilt sie als ein Begleitumstand von Entlastung und ist deshalb ein Kennzeichen der höheren Stände. Die herrschenden Schichten zeigten sämtlich Zeichen von Langeweile und waren stets auf Mittel bedacht, ihr zu entgehen. Gleichzeitig hat Langeweile immer als wichtiges Kennzeichen gesellschaftlicher Überlegenheit gegolten. Der Adel trug sie offen zur Schau. Die Verbindung beider Tendenzen: die Langeweile zu zeigen und gleichzeitig zu bekämpfen, führte zu der Erfindung möglichst überflüssiger Tätigkeiten, die einen zwar ›beschäftigten‹, aber auf eine fast zweckfreie Weise. Während die Männer auf die Jagd gingen, saßen die adeligen Frauen am Stickrahmen.

Langeweile bringt häufig Melancholie mit sich. Seit alters gilt sie als die klassische Glücksbeeinträchtigung adeliger Lebensweise. Viel Geist ist aufgewandt worden, ihrer Herr zu werden. Seit den Tagen Neros ist die Verbindung von Langeweile, Melancholie und dem Bösen in der Kulturgeschichte bekannt. In seinem Buch ›Melancholie und Gesellschaft‹ zitiert Wolf Lepenies den Dialog der Herzogin von Longueville mit ihrer Gesellschafterin, der die adelige Langeweile zur Zeit Ludwigs XIV. und die schlimme Aporie zeigt, in die sie führen kann:

»Mein Gott, Madame, die Langeweile nagt an Ihnen; möchten Sie sich nicht amüsieren? Es gibt hier schöne Wälder und auch Hunde, möchten Sie zur Jagd gehen? – Ich liebe die Jagd nicht. – Möchten Sie etwas arbeiten? – Ich liebe die Arbeit nicht. – Möchten Sie spazierengehen? – Ich mag keine Spaziergänge. – Möchten Sie etwas spielen? – Das Spiel liebe ich schon gar nicht. – Was möchten Sie denn tun, um sich abzulenken? – Herrjeh, was soll ich Ihnen denn sagen. Ich liebe die unschuldigen Vergnügen nicht.« Und La Rochefoucauld, der mit ihr liiert war, schrieb: »Ich gestehe Ihnen, daß ich mich sehr unbehaglich fühle, denn ich versichere Ihnen, daß ich nicht mehr weiß, was ich tun soll, wenn ich nichts Böses mehr tun werde.«

Das Bürgertum langweilte sich so lange nicht, wie es um seinen Aufstieg kämpfte. Als es zur herrschenden Klasse emporgestiegen war und Langeweile und Melancholie drohten, empfahl man Arbeit als probatestes Mittel dagegen. Immer wieder wird sie als sicherster Quell eines Glückes gepriesen, das durch Überdruß gefährdet ist. Voltaires Roman ›Candide‹ schließt mit dem Hinweis auf dieses Heilmittel, das gleich drei große Übel der Menschheit fernhalte: Langeweile, Laster und Bedürftigkeit.

Für das deutsche Bürgertum gab es einen besonderen Grund, melancholisch zu werden. Es war von politischer Macht ausgeschlossen und wurde auf diese Weise in eine Situation unglücklicher Reflexion getrieben. Die Folgen sind bekannt: Flucht in mancherlei Innerlichkeiten der Familie, Natur, Religion, Musik. Diese Wehleidigkeit hat der Welt viele große Kunstwerke beschert, während die Bourgeoisien Frankreichs und Englands zur gleichen Zeit alle Hände voll zu tun hatten: mit Parlamentarismus, Imperialismus und Kolonialismus. Dem deutschen Bürgertum blieben als Glücksquellen nur geistige ›Rei-

che‹ in der Philosophie und innere ›Reiche‹ in der Dicht-
kunst und Musik. Den weit ausgreifenden Glückserfah-
rungen des französischen und britischen Bürgertums entsprach in Deutschland das kleine Glück biedermeierlicher
Behaglichkeit. Es war mit Wehmut versetzt und barg das
Ressentiment dessen, der sich moralisch überlegen weiß,
obgleich er gar nicht die Macht hat, Böses zu tun. Das
Lied von den Gedanken, die frei sind, zeugt von dieser
Frustration. Neben solche Sentimentalität traten gegen
Ende des 19. Jahrhunderts ganz andere Stimmungen: die
Verkündung des Übermenschen und die Drohung, am
deutschen Wesen werde die Welt genesen. Man forderte
das Glück eines neuen Barbarentums. Ein halbes Jahr-
hundert später ging man daran, es zu verwirklichen. Es
brachte Unglück über viele Millionen Menschen.

Inzwischen ist das deutsche Bürgertum friedlich geworden. In seinen oberen Rängen hat es längst mit der
Art von Langeweile Bekanntschaft gemacht, wie sie früher den Adel kennzeichnete. Karl Heinz Bohrer gehört
zu den sensibelsten Analytikern dieses Zeitgeistes und
gleichzeitig zu den schärfsten Kritikern der Mittel, mit
denen eine Unterhaltungsindustrie uns Langeweile aus-
treiben will. Das Februar-Heft 1987 des von Bohrer herausgegebenen ›Merkur‹ eröffnet Gert Mattenklott mit einem kulturkritischen Aufsatz, der den Titel ›Tödliche
Langeweile‹ trägt. In ihm zeichnet er die großen Linien
einer europäischen Geschichte der Langeweile nach, von
Pascal bis Kierkegaard, von Jean Paul bis zu Leopardi,
von Baudelaire zu Maupassant, Gontscharow und Jacob-
sen. Sein Resümee ist skeptisch. Er empfiehlt die Erweiterung unseres Lektüre- und Sprachgedächtnisses, um
der Langeweile durch Beschäftigung mit vergangenen
Wirklichkeiten zu Leibe zu gehen: »Mit der Kultur lesend
zu Ende kommen, unbestreitbar eine Endzeitbeschäfti-
gung, läßt offen, zu welchem Ende. Gewiß, es ist eine

Reflexion im Stillstand, die keine Zukunft versprechen kann. (Wer kann es denn?) Aber im Eröffnen der Säle der Vergangenheit ist sie einer Implosion vergleichbar, aus der – wenn auch sonst nichts – eine Sprachwelt wiedergeboren wird, deren Absinken zu den Symptomen der gegenwärtigen Verarmung gehört.« Endzeitstimmung.

›Spätrömisch‹ nennt man eine Phase der Kultur, in der die Menschen nichts mehr vom Stuhle reißt. Alles ist ausprobiert, alle Glücksquellen erschöpft. Nur ganz unerhörte Formen der Belustigung finden noch Interesse. Was bisher für moralisch verwerflich oder auch für pervers galt, jetzt wird es Mode. Ästhetische Werte sind die einzigen, die noch zählen. Man ergötzt sich an ›Blumen des Bösen‹, und Grausamkeit offenbart Quellen des Glücks. Die Phantasie braucht ständig neue Nahrung, die Nerven verlangen nach kräftigeren Reizen.

Leben wir in einer ›spätrömischen‹ Zeit? Man kann dieser Meinung sein, wenn man folgende Erscheinungen ins Auge faßt: ein sich ausbreitendes Gefühl von Langeweile und Überraschungslosigkeit in fast allen Bevölkerungsschichten, wachsender Zynismus, Zurücktreten moralischer Werte gegenüber ästhetischen in Literatur und Politik, vorrückende Grenzen der Darstellung bisher tabuisierter Felder der Sexualität und Gewalt im Theater und im Film, Ausweitung von ›Showbiz‹ und Zerstreuung auf Kosten anstrengenderer Kultur . . .

Einer der schärfsten Kritiker unserer ›Spätkultur‹ ist Arnold Gehlen. Das Wort stammt von ihm. Unter dem Titel ›Das entflohene Glück‹ trug er auf einem Symposion über das Glück folgendes vor:

Die Glücksidee der Spätkultur erfülle sich heute immer mehr in dem Wunschziel eines Wohllebens, das die Sättigung aller Bedürfnisse verlange. Moderne Sozialpolitik sorge dafür, daß dieses Ideal den Charakter eines ethischen Gebotes annehme: Niemandem sollen Glückserfahrungen verschlossen bleiben. Bisherige Schranken durch ökonomische Grenzen, Standesunterschiede oder Begabungsungleichheiten seien niederzulegen. Diese Glücksrechnung kann, so Gehlen, jedoch nicht aufgehen, da das Glück stets eine Sache des Komparativs sei: Genau besehen fühle man sich nie glücklich, sondern stets nur glücklicher. In der Glücksidee selber liege eine Tendenz zum ›Darüberhinaus‹. Diese Dynamik könne nie zum Stillstand kommen, weil zur Wesensausstattung des Menschen ein Antriebsüberschuß gehöre, der ihn in Bewegung halte. Wenn diesem Antrieb nicht genug Nahrung gegeben werde, meint Gehlen, versuche der Mensch, sein Glücksbedürfnis wenigstens in der Phantasie zu befriedigen. Und da in Spätkulturen alles ausprobiert sei und die Zukunft wenig verspreche, sei es die Vergangenheit, mit deren Glücksbildern sich unsere Vorstellungen bevölkern. »Wenn aber die Glücksphantasie nach rückwärts strahlt, dann erreichen wir endlich die Nostalgie.«

Gehlen meint, *nostalgische Bewegungen* tauchten stets bei Völkern auf, deren nationale Kraft erloschen ist. Der Schmerz um verlorene Größe also wäre der Grund für Nostalgie. Gehlen nennt die Südstaaten der USA (mit ihrem großen nostalgischen Epos ›Vom Winde verweht‹), Britannien, Deutschland. Und umgekehrt: »Wenn diese historisch-politische Deutung der Nostalgie zutrifft, dann versteht sich, warum man sie nicht in Frankreich findet. Dieses Land ist noch souverän, nicht zu schlagen, und es hat die politische Kohäsion der großen Nationen und ist trotz aller inneren Konflikte seit der Gallierzeit unbeugsam. Auch findet man keine Nostalgie in Rußland oder Spanien, sie haben ihre Substanz bewahren können und sind nicht genötigt, nach ihrer Identität zu suchen.«

Heimweh nach heiler Vergangenheit hat eine große Romanliteratur hervorgebracht. Gehlen nennt William Faulkner, Galsworthy, Thomas Mann, Fontane, auch die

Marlitt. Wie immer man seine Analyse im einzelnen bewerten mag, unstrittig ist, daß Nostalgie zu den kulturell bedeutsamen Ausstiegsformen gehört: Man entfernt sich in der Phantasie aus der Realität, die man nicht schätzt, aber akzeptiert.

Eine Form von Nostalgie, die sich in allen Spätkulturen findet, gewinnt bei uns gegenwärtig an Boden, der sogenannte ›Ethno-Trip‹. In ihm verbinden sich drei Ausstiegstendenzen: die gedankliche Versenkung in eine primitive Kultur, Reiselust und Erfahrungen alternativen Lebens. Lange Zeit waren Indianerkulturen in Mode. Man setzte seinen Ehrgeiz darein, eine ihrer Sprachen zu sprechen und sich womöglich zum Ehrenhäuptling eines Stammes ernennen zu lassen (wie der Soziologe René König). Heute sind es eher Kulturen der Südsee, deren Reste man sichern will (wobei man sie aber gleichzeitig immer weiter zerstört). Von der Südsee hatte schon Goethe geträumt: »Man sollte oft wünschen, auf einer der Südseeinseln als sogenannter Wilder geboren zu sein, um nur einmal das menschliche Dasein ohne falschen Beigeschmack durchaus rein zu genießen.«

Solche kulturkritischen Urteile nahmen seither ständig zu, und immer häufiger zog es Europäer an die Gestade eines »unendlich glücklicheren Daseins«, wie Herman Melville, der Autor von ›Moby Dick‹, sich ausdrückte, den es 1842 auf ein Südsee-Eiland verschlagen hatte. Einen wahren Boom des Südseekults brachte der Aussteiger Paul Gauguin mit seinen Bildern in Gang.

Die Ethnologie erlaubt im Wege ernsthafter wissenschaftlicher Tätigkeit einen partiellen Ausstieg aus der Gegenwart. Mit kompliziertesten Dokumentationsmethoden, modernsten Apparaten und statistischer Ausgekochtheit rekonstruiert man eine Wirklichkeit, die in der Phantasie als Gegenwelt für unsere dient. Dieser raffinierte Ausstieg, den man sich noch bezahlen läßt, hat besonders in Ländern mit großer Kolonialerfahrung Tradition. England hat immer wieder berühmte Aussteiger dieses Typs hervorgebracht. Die Kolonien lieferten Dorados für Anthropologen und Archäologen. Häufig blieben sie bis ans Ende ihres Lebens in diesen Kulturen, nahmen Kleidung und Sitte an, versenkten sich in Kunst und Religion und ›verhiesigten‹ dort in jeder Hinsicht. Einer von ihnen war T. E. Lawrence. Er hatte in Oxford Arabistik studiert und wurde im Ersten Weltkrieg zum erfolgreichen militärischen Führer der Araber, nahm ihren Habitus und ihre Denkweise an, wurde einer der ihren. Als berühmter ›Lawrence of Arabia‹ kehrte er nach England zurück, stieg dort aber nach Jahren frustrierender Tätigkeit im Kolonialministerium wieder aus, indem er seinen Offiziersrang verleugnete und als unbekannter Soldat in die Armee eintrat.

Ein weiteres Element des Ethno-Trips ist das *Reisen*. Es galt immer schon als eine vergleichsweise harmlose und gesellschaftlich tolerierte Form von Ausstieg. Bis vor gar nicht langer Zeit war die Reise ein Vorrecht der herrschenden Klassen und begüterten Schichten: als Freiraum selbstgestalteten Lebens. Die Sommerresidenz des Fürsten, das Lustschloß des Grafen, die bürgerliche ›Sommerfrische‹, der Badeaufenthalt: Ausstiege aus der Alltäglichkeit, ein Ensemble kleinerer oder größerer Abwechslung, ein Arrangement neuer Bekanntschaften und Unterhaltungen verschiedenster Natur. Radikaler Ausstieg war allerdings selten gefragt. Man wollte auf die gewohnten Annehmlichkeiten auch auf Reisen ungern verzichten, und nicht allzu viel Unvorhergesehenes sollte das Glück dieses Ausstiegs beeinträchtigen. Man nahm Dienerschaft mit, bewohnte Palais oder Hotels, die denselben Komfort boten wie das Stadthaus. Zum Picknick deckte man silbernes Teegeschirr. Auch der gesellschaftliche Verkehr unterschied sich nicht von zu Hause.

Später gab es andere Formen der Reise: Expeditionen und Safaris, Bergwandern, Segeltörns und Wüstendurchquerungen. Entsprechend wechselten die Glücks-Philosophien. Wer für Monate in Afghanistan verschwand, um Schafe zu hüten, versprach sich andere Erfahrungen von diesem Kurzausstieg als einer, der den Colorado hinunterfuhr. Die studentische Ausstiegsbewegung der sechziger Jahre war nicht nur ein politischer Ausflug, sondern man war auch buchstäblich stets ›On the road‹, wie die Bibel der Beat-Generation von Jack Kerouac hieß. Bevorzugtes Ziel war Italien, die Toskana. Hierhin zog es Bernward Vesper, den damaligen Gefährten von Gudrun Ensslin. Man hat das nach seinem Selbstmord hinterlassene Tagebuch ›Die Reise‹ genannt. Kein besserer Titel wäre denkbar gewesen. Dort heißt es: »Ich habe nicht darum gebeten, Europäer werden zu dürfen, geboren als Deutscher im Jahre 1938 in einer Klinik in Frankfurt a. d. O., als Kind von Mittelklasse-Eltern, die einem vertrottelten Traum vom Tausendjährigen Reich anhingen. Ich werde mir die Freiheit nehmen, die man mir vorenthalten hat, ich werde mich verwandeln, bis ich alle Stadien durchlaufen habe... Warum nicht beginnen, jetzt, sofort, mit mir, aufstehen, fortgehen und anfangen, den Traum zu realisieren?«

Auch wer von Reisen keine solchen existentiellen Erfahrungen erwartet, verbindet Glücksvorstellungen mit ihnen. Das zeigen empirische Umfragen. Für die Urlaubsreise wird reichlich Geld zurückgelegt. Wie viel man sich von diesem Glück zeitweiligen Ausstiegs aus der Alltäglichkeit verspricht, kann man dem Umstand entnehmen, daß weit über die Hälfte der Bürger überschüssiges Geld am ehesten in Reisen anlegen würden. Das Informationsbedürfnis über Ferienziele und -formen wächst ständig.

Dem westdeutschen Arbeitnehmer stehen heute

durchschnittlich 28 Urlaubstage zu. Mit Wochenenden und Feiertagen kommt man leicht auf fünf bis sechs Wochen. Weit über die Hälfte der Bundesbürger verreist mindestens einmal im Jahr, ein Fünftel mehrmals. Auf der Liste von Gesprächsthemen im Freundeskreis und während der Arbeit rangiert der Reisebericht ganz oben, und die Reiseseiten der Zeitungen werden neben den Lokalteilen am gründlichsten gelesen.

Auch der Kurzurlaub von wenigen Tagen wird zunehmend für Reisen verwandt. Mehr als die Hälfte der Bundesbürger machen eine oder mehrere solcher Kurzreisen im Jahr. Arbeitszeitverkürzungen würden die Westdeutschen am liebsten in Gestalt eines verlängerten Urlaubs, nicht in Verkürzung der täglichen Arbeitszeit, nutzen.

Immer stärker halten Urlaubsgedanken Einzug in die Arbeitswelt. Postkarten aus Ferienorten zieren die Büros, zu Hause hängen Urlaubserinnerungen an der Wand (wenn nicht das gesamte Wohnzimmer schon durch seine ›rustikale‹ Einrichtung einen nach Tirol versetzt), und der Postbote bringt Urlaubsgrüße aus allen Gegenden der Erde. Dieses Hineinziehen der als Ausstieg verstandenen Freizeit in die Arbeitswelt wird zunehmend zur Signatur unserer Epoche. Man versüßt sich die Arbeit durch ein alternatives Ambiente, man kleidet sich, als ob man nicht ins Büro, sondern zum Tennisspielen ginge (zwei Drittel der unter dreißigjährigen Männer tragen Turnschuhe während der Arbeit), in immer mehr Büros und Werkstätten laufen Radios, und die Zigarette liefert schon lange Freizeitillusion, als ›Duft der großen weiten Welt‹.

Immer mehr Leute möchten das Glück des Ausstiegs täglich erfahren, und dies buchstäblich: durch den Wechsel städtischer und ländlicher Lebensweise. Die Vorstellung vom *glücklichen Landleben* gibt es in allen Hochkulturen, und der wechselnde Aufenthalt im städtischen und ländlichen Milieu hat bis heute hohen Reiz. Alle Aristokratien haben ihn gekannt und als ein hohes Glück gepriesen – oder von ihren Dichtern preisen lassen, wie es Horaz für seinen Maecenas tat.

Der Adel pendelte zwischen dem ländlichen Wohnsitz und dem Haus in der City, allerdings nur im Wechsel von Sommer und Winter, oder an den Wochenenden. Die großbürgerlichen Villen waren dann der Versuch, sich durch Wohnen im Grünen sozusagen täglich einen kleinen Urlaub zu gönnen. Heute gehören sie längst zum Stadtmilieu, und Tausende von Dörfern an den Rändern der Städte werden zu Wohnquartieren, deren Verschlafenheit nichts mehr mit ländlicher Idylle zu tun hat.

In Phasen verstärkter Zivilisationskritik kehrten Leute, die es sich leisten konnten, der Stadt völlig den Rücken. Sie lebten nur noch in ihrem Landhaus. Die ideologischen Motive dafür lieferten häufig Intellektuelle. Sie verordneten sich die Abgeschiedenheit ländlichen Lebens als Heilmittel gegen die Reizüberflutung städtischer Existenz, Bedürfnislosigkeit gegen Übersättigung, moralische Integrität gegen Sittenlosigkeit, Naturgenuß gegen Kunstbetrieb. Die solcher Abkehr innewohnende Dialektik wurde vielen dieser Philosophen, Literaten und Künstler nicht bewußt, und häufig mag schon vorgekommen sein, was man von Moeller van den Bruck weiß: Seine Verherrlichung der Schollenbindung hat er an Pariser Caféhaustischen geschrieben.

Stadtfluchtbewegungen sind Indikatoren für Zivilisationskritik. Im 20. Jahrhundert hat es verschiedene solcher Wellen gegeben, und gegenwärtig sind wir wieder in einer. In Landkommunen sucht man beides: den Abschied von der Zivilisation und den Neubeginn eines naturnahen und gesellschaftsfreundlichen Lebens.

Ein bis heute eindrucksvolles Beispiel solcher *Alternativkultur* war der Monte Verità bei Ascona im Schweizerischen Tessin. Im Herbst 1900 gründete der belgische Industriellensohn Henri Oedenkoven zusammen mit seiner Lebensgefährtin Ida Hofmann eine Naturheilanstalt, die genossenschaftlich betrieben wurde. Man wohnte in sogenannten ›Lufthütten‹ und plante vegetarische Selbstversorgung. Die bürgerliche Ehe galt für überholt, man war kommunistisch-anarchistisch orientiert. Jeder arbeitete in der Feldbestellung, die Mußestunden dienten gemeinsamer Lektüre und Diskussion.

Die Fluktuation der Mitglieder war hoch. Einige reisten wieder ab, um in der Südsee ihre Ideen noch radikaler verwirklichen zu können. Die Liste der Künstler, Intellektuellen, Politiker, die jedenfalls für einige Zeit auf dem Monte Verità lebten, ist imponierend. Hier einige Namen: die Schriftsteller Hermann Hesse, Carl Bleibtreu, Erich Mühsam, Ivan Goll, Emil Ludwig, Leonhard Frank, Klabund, Else Lasker-Schüler, René Schickele, Stefan George, Erich Maria Remarque; der Theosoph Rudolf Steiner, der Religionsphilosoph Martin Buber, die Tänzerinnen Isadora Duncan und Mary Wigman, der Tänzer Alexander Sacharow; die Maler Alexej von Jawlensky, Carl Hofer, Paul Klee, Artur Segal, Richard Seewald, Fidus; die Aristokraten Leopold Wölfling (Erzherzog Leopold Ferdinand von Habsburg und Toskana), Baron von Wrangel, August Freiherr von der Heydt; der amerikanische Filmregisseur Billy Wilder und viele andere, die nur für kurze Zeit, für einen Kongreß oder aus Neugier hereinschauten, wie Fürst Kropotkin oder Lenin.

Mit Studentenprotest und Hippie-Bewegung nahm in den sechziger und siebziger Jahren die Idee alternativen Landlebens neuen Aufschwung. Heute existieren in der Bundesrepublik Deutschland zwischen 200 und 600 Landkommunen mit insgesamt ca. 25 000 Mitgliedern.

Ein zeitgenössisches Modell alternativen Landlebens liefert die Schäfereigenossenschaft Finkhof im Allgäu.

Der gemeinsame Kampf um ein selbstverwaltetes Jugendzentrum in Isny hatte in den siebziger Jahren eine Gruppe von jungen Arbeitern, Lehrlingen und Schülern zusammengeführt, die nicht nur zusammen Politik machen, sondern auch leben und arbeiten wollten. Die Einheit von selbstbestimmtem Leben und Arbeit versprach ein neues, Spießbürgerlichkeit und Provinz sprengendes Glück. Als einige Mitglieder der Gruppe in ihren erlernten Berufen arbeitslos wurden, beschloß die Gruppe den gemeinsamen Ausstieg und kaufte 150 Schafe auf Kredit. Diese Herde ist bis heute die Lebensgrundlage des Finkhofs geblieben. Im Sommer zieht ein Teil der Kommune mit den Tieren auf die Bergwiesen des Voralpenlandes, im Winter lebt man gemeinsam in einem Dorf am Fuße der Berge. Wolle und Fleisch sind Produkte, die sich ohne jeglichen Zwischenhandel auf den Märkten der Gegend oder im Postversand losschlagen lassen.

Der Betrieb ist genossenschaftlich organisiert; die Produktionsmittel gehören den zehn bis zwanzig Mitgliedern der Gruppe gemeinsam. Alle besitzen gleiches Stimmrecht in der Gemeinschaft; die Produktion zeigt zwar arbeitsteilige Formen, doch wird strikt auf Gleichwertigkeit der Arbeitsgänge und Fertigungsweisen geachtet, um keine arbeitsbedingten Hierarchien aufkommen zu lassen.

Ein zweites ökonomisches Standbein der Gruppe ist eine Gastwirtschaft unten im Dorf, die zugleich als Wohnung für Mitglieder und als Kommunikationszentrum für die weitere Umgebung dient. Auf der Speisekarte des Gasthofs finden sich vorwiegend Lamm- und Hammeleintöpfe, dazu Vegetarisches und allerlei ländlich-alternative Gerichte.

Nicht alle Kommunen arbeiten so wirtschaftlich wie der Allgäuer Finkhof. Die meisten geraten schon kurz nach der Gründung in ökonomische Krisen. Kaum eine bewirtschaftet mehr als fünf Hektar, eine Wirtschaftseinheit, die in der Bundesrepublik Deutschland längst nicht mehr ausreicht; dazu gehört ihnen fast nur schlechtes Land, das von den Bauern als unrentabel mit Vergnügen an alternative Stadtflüchtlinge verkauft worden ist. Außerdem fehlt durchgängig Know-how: Für Bauern und Handwerker, deren praktische Kenntnisse unschätzbaren Gewinn brächten, zeigen Landkommunen wenig Anziehungskraft. Ihre Mitglieder stammen fast sämtlich aus der Arbeiterschaft oder aus dem Angestelltenmilieu des Dienstleistungsgewerbes. Intellektuelle, die wenigstens theoretischen Wissensdurst und Nähe zu agrarwissenschaftlicher Literatur einbringen könnten, fehlen fast völlig.

So müssen statt Wissenschaft oder Fertigkeiten im Umgang mit landwirtschaftlichen Strategien und Techniken in vielen Kommunen Naturgeister, Feen und der Vollmond mithelfen. Die westdeutschen Landkommunen gehören heute nur noch zum kleinsten Teil dem Typ des sozialreformerischen Betriebs an, der die frühen Kommunen um 1900 kennzeichnete. Fast alle suchen statt dessen, wie ihr Vorbild der schottischen Findhorn-Kommune (»ein Zentrum des Lichts, eine Manifestation der Liebe«), das Glück religiös-spiritueller Erfahrung. Das Leben in der Gemeinschaft wird häufig als Quelle der Menschheitserneuerung absolutiert, jede Zweierbeziehung zwischen Mann und Frau oder Mutter und Kind als ›Erbübel der Welt‹ gebrandmarkt und leidenschaftlich bekämpft. »Vielleicht werden wir noch zur Sippe. Oder sind wir das schon? Genug Mütter waren da. Fehlt womöglich nur, daß wir ›Bruder‹ und ›Schwester‹ zueinander sagen; ›Vetter‹ und ›Base‹, wie unter Indianern«, sinnierte der ehemalige ›ZEIT‹-Redakteur und Aussteiger Rüdiger Dilloo in einem ›Brief aus Bschaid‹, einer Landkommune in Bayern. Ulrich Linse, Verfasser eines Buches über die deutschen Landkommunen zwischen 1890 und 1933, faßt im ›Kursbuch 74‹ die utopischen Sehnsüchte der heutigen Landkommunen ins Auge: »Zurück aus der Zivilisation in die Urhorde weist also der Weg... Der zivilisationskritische Ausbruch aus der Alten Welt (führt) zur Romantisierung der ›Wilden‹ und des ›wilden Denkens‹, zur Glorifizierung exotischer Kulturen und zum Kult des Prähistorischen. Jedenfalls ragt mit den ländlichen Kommunen die Höhle des Steinzeitmenschen, das Zelt des Patriarchen und der Wigwam des Indianers als utopische Sehnsucht in unsere nüchterne technische Welt hinein. So werden die Kommunen zum Abenteuerspielplatz für Zivilisationsmüde...«

Seit den siebziger Jahren sucht man auch innerhalb der städtischen Existenz nach Alternativen. In eigenen Werkstätten, Gärtnereien, in sozialen und psychosozialen Dienstleistungsbetrieben will man kapitalistischer Arbeitsteilung und Hierarchie entgehen. Man lebt in Kommunen, hat eine gemeinsame Kasse und verkehrt möglichst nur noch unter sich. Für den Verkehr nach außen bevorzugt man Einrichtungen, die den eigenen Betrieben günstig gesonnen sind. Allein in Berlin gab es 1983 etwa 1500 alternative Projekte: Zeitungen, Verlage, Teestuben, Kneipen, Autowerkstätten, Wohngemeinschaften, Taxizentralen, Mieterkollektive, Mitfahrzentralen, Theatergruppen, Freie Schulen und viele andere mehr.

Eine der größten alternativen Unternehmungen ist die Berliner Gruppe ›Netzwerk‹. Ihr Name ist gut gewählt: Sicherheit in einem neuartigen Netz sozialer und ökonomischer Verbindungen. In diesem Netz finden außer Aussteigern aus Überzeugung auch unfreiwillige Aussteiger Zuflucht: Arbeitslose, Suchtkranke oder Straffällige. Für sie ist dieses Netz vielleicht die letzte Möglichkeit eines Anschlusses an menschliche Gesellschaft.

Eine andere uralte Form der Glückssuche im Wege des

Ausstiegs ist der *Rausch*. Wenn die Realität wenig Glücksquellen enthält, versucht man es mit Entwirklichung. Rausch läßt sich auf vielen Wegen herstellen, durch Musik, Tanz, Sexualität, Meditation, religiöse Begeisterung, auch durch Drogen. Es gibt Verbindungen zwischen allen diesen Formen der Entrückung, und häufig werden mehrere Methoden gleichzeitig angewandt, im Sinne gegenseitiger Vorbereitung und Steigerung.

Die gesellschaftliche Billigung des Rausches schwankt stark von Kultur zu Kultur, dazu die Weise der zugelassenen Kombinationen. Es gibt keine Gesellschaft, in der Rauschzustände völlig unbekannt oder absolut verboten wären. Die meisten Kulturen haben für solchen Ausstieg aus dem Alltag eigene Institutionen geschaffen und besondere Zeiten reserviert. Jeder Karneval liefert neben einer Umkehrung der Werte auch eine Verbindung von Rauschmitteln: Alkohol, Tanz, sexuelle Freiheit. Das Maß solcher Zügellosigkeit variiert stark regional. (Wenn der Bremer zur Zeit des ›Freimarkts‹ seine Krawatte lockerer bindet, hat er bereits das Gefühl, über die Stränge zu schlagen).

Im Unterschied zu geschlossenen Gesellschaften tendiert unsere Gesellschaft dazu, die institutionelle Begrenzung des Rausches aufzugeben. Das begann schon bei der Bohème des 19. Jahrhunderts. Sie wollte aus dem ganzen Leben einen Rausch machen. Ihre Atelierfeste hatten keine gesellschaftlich verbindlichen Anlässe mehr, sondern man erfand teilweise absichtlich absurde Anlässe für sie. Bei uns ist Tabakgenuß längst nicht mehr an bestimmte Gelegenheiten und Tageszeiten gebunden (die Zigarre nach dem Essen im ›Herrenzimmer‹), sondern die Zigarette begleitet den Raucher von morgens bis abends, bei der Arbeit und in der Freizeit. Mit dem Alkohol geht es ähnlich, und Musik begleitet über den ›Walkman‹ immer mehr Jugendliche auf allen ihren Wegen, sie rauschhaft entfernend von ihrer nächsten Umgebung. In archaischen Gesellschaften diente die Musik ausschließlich festlich arrangierten Rauschzuständen. Eine gewisse Wiederkehr mag man in den Discos sehen, wo Millionen von Jugendlichen von einer Art rituellem ›Saturday-night-fever‹ gepackt werden, aufgeputscht durch Beat, eingelullt durch Blues, illusioniert durch Lichtorgeln.

Für immer mehr Menschen gehört die *Droge* zum Alltag: Über drei Millionen Westdeutsche sind nikotinsüchtig; wenn man die starken Raucher dazuzählt, weitaus mehr. Mit 50 000 Drogensüchtigen, einer halben Million Medikamentenabhängigen (14 % der deutschen Bevölkerung nimmt Tranquilizer), zwei Millionen Alkoholabhängigen, 300- bis 400 000 Spielsüchtigen und einer schwer abschätzbaren Dunkelziffer von Freßsüchtigen hat die Zahl der Suchterkrankungen in der Bundesrepublik ihren bisherigen Höchststand erreicht.

Glückhafte Erfahrungen des Ausstiegs aus dem irdischen Jammertal vermittelten stets die *Religionen*. Transzendieren heißt überschreiten, und das ist, was religiöser Glaube verspricht: Realität wird verändert, überhöht oder völlig ausgelöscht. Unerschöpflich die Vielfalt religiöser Ausstiegsmethoden: mystische Versenkung und theologischer Diskurs, blutige Kasteiung und tänzerische Beschwörung, Bücherwissen und Naturerlebnis, Geheimlehren und Massenbewegungen. Heute haben sie alle wieder Konjunktur.

Dagegen scheint die Bedeutung der etablierten Kirchen als Trost- und Sinnspender gegenwärtig zu sinken. Zwar gehören immer noch fast alle Westdeutschen einer der beiden großen Kirchen als Mitglieder an, lassen sich taufen und kirchlich bestatten, zu drei Vierteln auch kirchlich trauen. Aber nur 5 bis 10 % gehen regelmäßig zur Kirche, die Katholiken mehr als die Protestanten. In den siebziger Jahren erfaßte eine gewaltige Austrittswelle die Kirchen. Obwohl der Trend inzwischen gebrochen zu sein scheint, haben sie sich von dem Schock bis heute nicht erholt.

Die Glückserwartungen der Gläubigen sinken in dem Maße, in dem das formale Bildungsniveau der Bevölkerung steigt. Mit ihm steigt nämlich die Wahrscheinlichkeit von Kritik und Distanz. Und was die Mehrung ihres Glückes angeht, so erwarten die gebildeten Christen, wenn sie sich der Kirche weiter verbunden fühlen, von ihr gerade nicht den Ausstieg aus der schlechten Wirklichkeit, sondern den Einstieg in politische und soziale Aktivität.

Es sieht so aus, als ob man Glückserfahrungen immer weniger bei den etablierten Kirchen und immer stärker bei zwei Bewegungen sucht, die das versprechen, was früher das Christentum bot: Neugeburt. Das sind einmal die religiösen Sekten und zum anderen psychotherapeutische Behandlungen in vielen Formen. Zwischen beiden gibt es Verbindungen: wenn religiöse Erfahrungen einzig nach ihrem therapeutischen Wert bemessen werden und umgekehrt von Psychotherapien behauptet wird, sie gelängen nur unter Einschluß ›transzendentaler‹ Erfahrungen.

Am bekanntesten ist gegenwärtig die Bhagwan-Bewegung. Sie umfaßt eine halbe Million Mitglieder. Bis zur Auflösung ihrer ›Gottesstadt‹ 1986 lebten in Rajneeshpuram in Oregon 1500 Menschen. Sie arbeiteten gegen freie Verpflegung und medizinische Versorgung auf den Feldern, in Restaurants und Hotels dieser Kommune. Religiosität und Psychotherapie waren aufs engste verknüpft: Sowohl fernöstliche Meditationsübungen wie moderne Psychotechniken und Bewegungs-, Atem- oder Urschrei-Therapien sollten die Geburt des neuen Glückes vorbereiten.

Mehr als eine Million Westdeutscher nimmt in unserem Jahrzehnt *psychologische und psychiatrische Dienste* in

Anspruch. Studenten und Akademiker unter fünfzig machen dabei einen besonders hohen Anteil aus. Das Therapieangebot in sogenannten Encounter- und Selbsterfahrungsgruppen ist riesig und nimmt immer noch zu:

1980 gab es bei den ›klassischen‹ Therapieverfahren 15 tiefenpsychologische, 14 verhaltens-, 12 erlebnis- und 5 kommunikationsorientierte Schulen. Dazu kamen 200 Schulen und Einrichtungen, über deren Zugehörigkeit, Ziele und Techniken wenig bekannt ist. Die Rezepte sind mannigfaltig, erscheinen auch beliebig austauschbar, wenn man die Angebotslisten der einschlägigen Zeitschriften zu Rate zieht. Das ›Kursbuch Nr. 82‹ bringt eine Zusammenstellung:

»Buddhistische Therapie durch Diplompsychologen/ Befreiung des transzendentalen Selbst/Körper α Trommeln, Selbsterfahrung durch elementare Rhythmen/Rebalancing-Massage, diese Körpertherapie sucht tiefsitzende physische und psychische Verspannungen zu beheben/Tanztherapie und Body-Language/praktische Anwendung ursprünglicher Weisheit gemäß dem vierten Weg/Astrotherapie, wir befassen uns liebevoll mit Deinem Weg/Individuelle Einzelsitzungen in psychischer Massage, Energieausgleich, Bodyreading, Reinkarnation/Gestalttherapie und Windsurfkurs/Heilkräuter-Meditations-Seminar/Heil-werden durch die Kraft des Geistes, Indianische Pfeifenzeremonie, Benutzung der Heilkräfte von Kristallen...«

Der Frankfurter Psychotherapeut Jörg Bopp spricht von einer Therapie-Kultur in unserem Lande, die man »Psycho-Kult« nennen müsse, »weil sie durch zwei Merkmale bestimmt ist: eine wachsende messianische Aufladung von Therapie und eine zunehmende Beliebtheit von Therapiekarrieren. Erlösungswünsche, Erlösungsversprechen und die Neigung, eine Therapie nach der anderen zu durchlaufen, bedingen sich hier gegenseitig. Im Psycho-Kult sind großartige Verheißungen beliebt. Da werden als Therapieziele angeboten: Wege zum wahren Selbst, Ganzheitlichkeit, Lebenssinn, Echtheit, Einheit mit dem Kosmos, Selbstverwirklichung, Neuanfang, Erleuchtung, Wiedergeburt. Durchweg sind es simple therapeutische Techniken, die so in den messianischen Adelsstand gehoben werden. Die Therapeuten machen sich zum Fürsprecher der ›ursprünglichen‹, ›wahren‹, ›eigentlichen‹, ›unabweisbaren‹ Bedürfnisse der Patienten . . . Unter dem Motto ›Werde, der du bist‹ erhalten die Patienten ein üppiges Angebot an ›geistiger Führung‹.«

Folgender Kurs einer süddeutschen Volkshochschule wurde so stark nachgefragt, daß viele Bewerber abgelehnt werden mußten. Für 500 DM versprach er den Teilnehmern das Glück eines vollständigen Ausstiegs aus individuellen und gesellschaftlichen Zwängen: »Wir werden der Frage ›Wer bist du?‹ nachgehen. In akzeptierender und liebevoller Haltung werden wir alte Pfade in uns aufspüren und nach Antworten suchen, die sehr befreiend sein können. Der Körper leitet uns nach innen, und wir kommen in Berührung mit tiefen Schichten unseres Selbst – dem riesigen Potential an Lebendigkeit, Energie und Fülle. Neben der lebendigen Selbsterfahrung werden wir tanzen und lachen, am Abend Traumreisen machen und Märchen hören.«

Das Glück, das hier gesucht und versprochen wird, zielt direkt auf die Person. Dieser Narzißmus ist ein Kennzeichen unserer Epoche und prägt viele ihrer Glücksvorstellungen. Jörg Bopp spricht von »Problem-Narzißmus« und gibt Beispiele für ihn: Man ist nicht mehr verliebt, sondern hat eine Beziehung; man sagt nicht, man komme mit etwas nicht zurecht, sondern »das ist mein Problem«; eine Begegnung ist nicht mehr beglückend, sondern »wichtig«. Glück bezeichnet nicht mehr den Einklang mit der Welt oder geliebten Menschen, sondern eine subjektive Verfassung, für welche die gesamte Außenwelt nur noch Anlässe liefert. So geht es bei der narzißtischen Partnerwahl vor allem darum, ob der andere Sinn für ›meine Probleme‹ hat. Die Gesellschaft wird auf diese Weise zu einer Ansammlung von einander therapierenden Individuen und Glück zu einer pathologischen Kategorie.

Zum Schluß darf nicht unerwähnt bleiben, daß das Glück des Ausstiegs auch als *politisches Programm* gefordert und verkündet wird. Eine Partei oder ein Volk entschließt sich zum Abschied vom Establishment und verläßt den alten Wertekanon. Man will das nie Dagewesene, sei es in Form einer absolut neuartigen Zukunft, oder in der Weise einer revolutionären Rückkehr zum Alten. Das eine wollte der Futurismus, das andere der Nationalsozialismus.

Im Futuristischen Manifest, das Marinetti 1908 verfaßt hatte, heißt es: »Wir wollen die Liebe zur Gefahr besingen, die Vertrautheit mit Energie und Verwegenheit... Wir wollen den Krieg verherrlichen – diese einzige Hygiene der Welt – den Militarismus, den Patriotismus, die Vernichtungstat der Anarchisten, die schönen Ideen, für die man stirbt, und die Verachtung des Weibes... Wir wollen dieses Land von dem Krebsgeschwür der Professoren, Archäologen, Fremdenführer, Antiquare befreien...«

Der Nationalsozialismus wollte, jedenfalls nach seiner Ideologie, zu einem neuen Barbarentum zurückkehren: Ausstieg aus dem Völkerbund und dem Kreis der zivilisierten Nationen, aus der Tradition abendländischer Gesittung, aus Humanismus und Aufklärung.

Heute propagieren die Grünen einen radikal angesetzten Ausstieg als politisches Konzept. Unsere gesamte Kultur soll auf andere Grundlagen gestellt werden. Angelpunkt für diesen rigorosen Ausstieg ist die Ökologie. Sie wird zum Hebel all der Änderungen, die Marie-Luise Weinberger als das neue Weltbild der Grünen beschreibt:

- »Antimodernismus: Ablehnung der wachstumsorientierten Konsum- und Wegwerfgesellschaft und des technischen Fortschritts als Motor industrieller Entwicklung. Die linke Kapitalismuskritik wird durch eine Kritik des Lebensstils der silent-majority ergänzt.

- Anti-Nuklearismus und Pazifismus: Prinzipieller Widerstand gegen die militärische und zivile Nutzung der Kernenergie. Plädoyer für grundsätzliche Gewaltfreiheit.

- Dezentralisierung und Basisdemokratie: Grundsätzlicher Vorrang der kleinen Einheit und Selbstbestimmung für jeden.

- ›Betroffenheitskultur‹: Bekenntnis zur Emotion und zum subjektiven Handeln und der Versuch, untereinander gewaltfreie, demokratische und solidarische Umgangsformen zu praktizieren.«

Politisch wird man dieses Programm nur dann nennen können, wenn gleichzeitig Strategien zu seiner Verwirklichung geliefert werden. Darin unterscheiden sich die grünen Realisten von den Fundamentalisten. Während für die Realisten die Frage des jeweils nächsten Schrittes, der Finanzierung, der Mehrheitsfähigkeit von Bedeutung sind, gilt für die Fundamentalisten wohl doch, was Johano Strasser ihnen vorwirft:

»Was bei den Grünen Fundamentalismus genannt wird, ist, mehr als alles andere, eine Instrumentalisierung der Politik für die Zwecke der Ich-Findung, ein sich politisch gebender Ästhetizismus, der auf der Vorstellung beruht, die Welt, dieses ökologische Jammertal, sei letztlich nichts anderes als Anlaß, Gleichnis, Material für die Suche nach der eigenen Identität.« Der Wille zu diesem radikalen politischen Ausstieg offenbarte somit denselben individualistischen Narzißmus, der unsere Zeit kennzeichnet.

Die radikalste Form des Ausstiegs ist der *Selbstmord*. Die Philosophie hat ihn immer wieder zum Gegenstand gemacht: als äußersten Akt menschlicher Freiheit. In der Antike galt er als weises Fazit eines Lebens, das nicht mehr viel Glück verspricht. Zuweilen wurde der Freitod begangen wie ein Fest: nach einem guten Essen, im Kreise von Freunden, mit kunstvollen Abschiedsreden. Erst das Christentum hat ihn unter die Sünden gezählt. Heute bezeichnet er meistens absoluten Bankrott und Verzweiflung. Seine Ausbreitung, besonders bei Jugendlichen, offenbart tiefe resignative Strömungen in unserer Gesellschaft. Die Selbstmordrate in der Bundesrepublik hat sich, wie schon erwähnt, zwischen 1967 und 1976 mehr als verdoppelt. Heute beträgt sie jährlich 13 000. Die jugendliche Selbstmordrate steigt gegenwärtig drastisch an; der Freitod steht bei jungen Leuten zwischen 15 und 25 Jahren an zweiter Stelle der Todesursachen. Die höchste Selbstmordquote findet sich in einem der wohlhabendsten Länder der Erde, dem Fürstentum Liechtenstein.

Schluß

»Finden Sie, daß wir alles in allem in einer glücklichen Zeit leben, oder würden Sie das nicht sagen?« Ende der sechziger Jahre meinten etwa zwei Drittel der Westdeutschen, sie lebten in einer glücklichen Zeit; Anfang der achtziger Jahre nur ein Drittel.

An der Spitze der Sorgen rangieren, vor Krankheit, Arbeitslosigkeit und Geldsorgen, die »Sorgen wegen einer unsicheren Zukunft, wegen Krieg« und die »Angst, daß man immer mehr chemisch verseuchte Lebensmittel zu sich nimmt«. Im Allensbacher Jahrbuch der Demoskopie, aus dem diese Berichte stammen, findet sich eine Deutung, die solche Ängste auf einen Generalnenner bringt: »Die Welt wird nicht nur fremd, sie scheint nicht nur immer komplizierter zu werden, es steigt auch die Angst, daß das Ganze allmählich immer menschenfeindlicher wird... Grob gesprochen könnte man die Situation vieler Menschen in dieser Gesellschaft so beschreiben: Die Welt wird immer fremder, während alle, die sich kennen, miteinander leben oder beieinander wohnen, immer dichter zusammenrücken.«

Die schärfste Beeinträchtigung unseres Glücks kommt aus der Zukunft. Nicht gegenwärtige Entbehrungen oder Versagungen schmälern unsere Lebensfreude, sondern trübe Aussichten, Weltuntergangsstimmung. Die Zukunft eröffnet keine glückverheißenden Perspektiven mehr.

Beweis dafür ist die Tatsache, daß immer weniger

Menschen ein positives Interesse an der Zukunft nehmen. Das gilt sowohl für die Zukunft der Gesellschaft als auch für die private. Immer weniger Menschen wollen, selbst bei guter Gesundheit, ein biblisches Alter erreichen. Mitte der fünfziger Jahre sagten noch mehr als die Hälfte der Westdeutschen, sie würden gern 150 Jahre leben. Mitte der achtziger Jahre war es nur noch ein gutes Drittel. Ein Drittel wollte weiterhin gern sehr alt werden, ein weiteres Drittel antwortete: »Kommt drauf an.« Worauf es ihnen ankam, erwies sich in verschiedenen Umfragen als eine zeitgebundene Einschätzung der menschlichen Zivilisation und ihrer Zukunft.

Zukunft wird zum Inhalt gegenwärtiger »Bedrängniserfahrungen« (Hermann Lübbe), und die Liste solcher Erfahrungen ist lang. Wir kennen sie inzwischen alle auswendig. Was sie verbindet, ist der Umstand, daß es sich stets um personübergreifende Unglücksquellen handelt. Wir wissen unser persönliches Schicksal in glücksbedrohender Weise abhängig von Umständen, die der einzelne nicht in der Hand hat, und schlimmer: die er nicht durchschaut. Der Schock des Unglücks von Tschernobyl sei inzwischen »zu einem Bestandteil des Lebensgefühls« in der Bundesrepublik Deutschland geworden, schreibt Elisabeth Noelle-Neumann im Kommentar zu einer Umfrage des Allensbacher Institutes für Demoskopie im Sommer 1987: »Es sieht . . . so aus, als ob sich die Angst in den Monaten nach der Katastrophe weiter ausgedehnt hat. Häufiger als gleich nach Tschernobyl sprechen die Menschen heute davon, sie sorgten sich mehr um die Zukunft der Kinder, sei seien jetzt vorsichtiger bei der Auswahl von Nahrungsmitteln, sie seien ganz allgemein ängstlicher geworden.«

Mit Zukunftsängsten verbindet sich eine Grundstimmung des ›Es lohnt nicht mehr‹. Nicht nur, daß man den Glauben an die Technik, den Fortschritt und die Lösbarkeit aller Probleme verloren hat, die Skepsis sitzt tiefer: Der Lebenssinn selbst wird fragwürdig. Oder um es vorsichtiger zu formulieren: Der Sinn gegenwärtiger Lebensentwürfe und -zuschnitte wird immer häufiger befragt. Die Kulturzeitschrift ›Merkur‹ hat die Nummer 400 im Jahre 1981 zum Anlaß einer kulturkritischen Besinnung genommen. In einem Aufsatz von W. Martin Lüdke mit dem Titel ›Da ist der Wurm drin‹ findet sich der Satz: »Tatsächlich ist ›Sinn‹, das dürfte sich in der Zwischenzeit herumgesprochen haben, zu einer knappen Ressource geworden.« Utopisches Denken sei heute fast hoffnungslos desavouiert. Das Vertrauen in die Vernunft ist geschwunden, nachdem Horkheimer und Adorno in ihrer ›Dialektik der Aufklärung‹ schon den Satz geschrieben hatten: »Keine Universalgeschichte führt vom Wilden zur Humanität, sehr wohl eine von der Steinschleuder zur Megabombe.«

Weniger dramatisch beschreibt Hans-Ulrich Treichel die Sinnkrise unserer Kultur in seinem Gedicht ›Zwischenbilanz‹:

Glück gehabt und überlebt.
Das Rauchen nicht mehr angefangen.
Mit mir selbst im reinen, was
den Zahnarzt angeht. Die Miete bezahlt,
die Zeitung gelesen, mit Anstand
gelitten am Elend der Welt.

Das tiefste Leid, die Langeweile,
beständig gekreuzt mit dem höchsten
der falschen Gefühle: Zwei Kilo
dabei zugenommen, einen akademischen
Titel erworben, und, wie alle echten Radikalen,
die Liebe zur Oper entdeckt.

Langeweile: die Begleiterscheinung von Sinnleere. Die empirischen Glücksforscher berücksichtigen sie bei ihren Messungen von Lebensqualität: als Anzeichen von Schwäche, Passivität und geringerem Wohlbefinden. »Kennen Sie das, wenn einem an Sonntagen oder Feiertagen die Zeit so lang wird?« Die Westdeutschen kennen dieses Gefühl zunehmend, und zwar in allen Altersgruppen. Der Anteil derer, die Bekanntschaft mit der Langeweile gemacht haben, ist innerhalb der letzten dreißig Jahre signifikant gestiegen, auf über ein Drittel der Bevölkerung.

Die Langeweile war, wie dargelegt, immer ein Erscheinungssmerkmal gehobener Schichten, als Resultat von Entlastung, Muße und Luxus. Die Bundesrepublik liefert diese schönen Dinge für viele Menschen. Nimmt man den ›Internationalen Index für menschliches Leid‹, so schneidet die Bundesrepublik Deutschland im Blick auf die dort zugrunde gelegten Kriterien – Bruttosozialprodukt, Lebensmittelkonsum, Energieverbrauch, niedrige Inflationsrate, Wachstum der städtischen Bevölkerung, Alphabetisierungsrate, geringe Kindersterblichkeit, Zugang zu Trinkwasser und individuelle Freiheiten – hervorragend ab. Die zehn Länder mit dem höchsten Lebensstandard sind nach dieser Meßlatte des ›Population Crisis Committee‹ die Schweiz, die Bundesrepublik Deutschland, Luxemburg, die Niederlande, die Vereinigten Staaten, Belgien, Kanada, Österreich, Dänemark und Japan. Großbritannien liegt auf dem 12. Platz, unmittelbar vor Frankreich. Am Ende der Liste stehen die ehemaligen ›Paradiese‹ der Erde: 33 der 40 Länder, in denen das Leid am größten ist, sind Staaten Afrikas, die übrigen sieben asiatische Länder. (Die größte Lebensqualität innerhalb der osteuropäischen Länder weist die DDR auf, sie steht an 15. Stelle der Gesamtliste, die Sowjetunion belegt den 23. Platz.)

Objektiv geht es ›uns‹ (d. h. einem statistischen Mittel

der Bevölkerung!) also ausgezeichnet. Das gilt auch für andere Parameter, die man noch anlegen könnte: soziale, ideologische oder konfessionelle Spannungslinien, regionale Ausgeglichenheit und Verträglichkeit, günstiges Klima, internationales Ansehen: Wohin man blickt, nur günstige Rahmenbedingungen und Perspektiven.

Aber gerade darin liegt ja die unglückliche Verschränkung und verhängnisvolle Dialektik: Je weniger Belastung, desto mehr Langeweile; je saturierter, desto unglücklicher. Das behaupten jedenfalls die Kultursoziologen. Sie sprechen im Blick auf unsere Lage von ›Spätkultur‹ und fassen dabei die Endzeit von Hochkulturen wie der römischen ins Auge, der man auch nachsagt, sie sei am Luxus der führenden Schichten und an der Vergnügungssucht der breiten Massen zugrunde gegangen. Eine klassische Versuchsanordnung also, in der wir uns befinden. Einiges spricht für eine solche Parallelisierung, mehr noch dagegen. Wie immer diese Bilanz im einzelnen aussehen mag, interessant und für eine Glücksrechnung bedeutsam sind die unterschiedlichen Strategien, welche die Menschen in einer solchen Lage anwenden, um trotz einer allgemein düsteren Stimmung ihr Glück zu finden. Wir haben sechs von ihnen herausgefiltert:

1. Man greift den Gedanken einer kultursoziologischen Parallele auf, gibt ihm aber eine positive Wendung: Weltuntergangsstimmungen hat es in der Menschengeschichte öfter gegeben. Die letzte große Phase eines tiefen Pessimismus hat sogar 300 Jahre gedauert, vom 14. bis zum 17. Jahrhundert. Jean Delumeau berichtet in seinem Werk ›Angst im Abendland‹ über sie. Die Geburt der Moderne geht nicht zuletzt auf die Ängste des ausgehenden Mittelalters zurück. Warum soll es nicht heute wieder so sein? In einem »Zeitalter der Angst« (W. H. Auden) ist Lebenssinn durch Lebensangst ersetzt, Perspektiven für die Zukunft scheinen verschlossen. Aber wie

stets in der Geschichte wird sich der Mensch irgendwann aufrappeln und neue Sinngebäude errichten. Jedenfalls ist es töricht, die gegenwärtige Sinnkrise als die bisher einschneidendste zu bezeichnen: Diese Einschätzung gehört zu Untergangsstimmungen hinzu, sie ist nicht neu.

2. Man verschließt die Augen vor der düsteren Zukunft und lebt nach der spätrömischen Devise »carpe diem«: Freue dich des Heute, denn das Morgen wird fürchterlich. Diese Art von Glück ist immer wieder beschrieben worden, besonders in Zeiten kriegerischer Wirren oder der Pest feierte es Triumphe. Da die Zukunft keine langfristigen Perspektiven erlaubt, erübrigen sich alle weitgreifenden Sinnentwürfe, verlieren die großen Institutionen ihre bindende Kraft, und auch die Innenleitung sittlicher Systeme versagt. Was bleibt, ist Unterhaltung, Zerstreuung, Ausschweifung. Neben den Sinnenfreuden der Eß- und Geschlechtslust ist es besonders das Glücksspiel, das zeitgemäße Glückserfahrungen vermittelt: unberechenbar in der Zuordnung von Einsatz und Gewinn, rasch, verantwortungs- und mühelos, in seiner Riskantheit von hohem Nervenreiz. Über ein Drittel der Westdeutschen spielt jede Woche Lotto oder Toto, dazu kommt noch ein Viertel, das von sich sagt, man spiele ›seltener‹. Hinzu kommen die Spielautomaten, deren optischer und akustischer Thrill den Nervenreiz abstrakter Geldgier noch verstärkt. In Duisburg gibt es heute schon mehr als zweihundert Spielhallen, in Hamburg über dreihundert; insgesamt stehen in der Bundesrepublik Deutschland knapp zwanzigtausend Geldspielautomaten. Zweihunderttausend Westdeutsche gelten nach jüngsten Schätzungen als akut spielsuchtgefährdet. Die Parallele zu ›römischen Verhältnissen‹ ließe sich noch weit treiben: Badefreuden, Körperpflege und Fitnessprogramme, Augenlust nicht nur durch sportliche Wettkämpfe, sondern auch durch immer stärkere Nervenreizung in Action- und Horrorfilmen etc., etc.

3. Man zieht sich auf sich selbst zurück. Dieser Narzißmus kann ganz verschiedene Formen annehmen, von der naiven Maxime ›Ich will Spaß‹ bis zu einem neuen ethischen Prinzip der ›Pflichten gegenüber sich selbst‹, die zu neuen Bindungen in Familie und Arbeit führen können. Sogar für die Politik erwarten manche, wie wir gezeigt haben, neue Impulse. Zunächst aber führt die Frage, ob man wirklich glücklich ist, leicht in eine Hektik von Antwortversuchen, die der Soziologe Ulrich Beck so beschreibt: »In der Suche nach Selbsterfüllung reisen die Menschen nach Tourismuskatalog in alle Winkel der Erde. Sie zerbrechen die besten Ehen und gehen in rascher Folge immer neue Bindungen ein. Sie lassen sich umschulen. Sie fasten. Sie joggen. Sie wechseln von einer Therapiegruppe zur anderen und schwören auf jeweils ganz unterschiedliche Therapien und Therapeuten. Besessen von dem Ziel der Selbsterfüllung reißen sie sich selbst aus der Erde heraus, um nachzusehen, ob ihre eigenen Wurzeln auch wirklich gesund sind.«

Die neue privatistische Glückssuche ist nicht zuletzt ein Resultat der Verzweiflung an dem Sinn von Liebesbeziehungen. Fritz J. Raddatz hat das in seinem Beitrag ›Kontaktsperre‹ in dem 1979 von Jürgen Habermas herausgegebenen Band ›Stichworte zur geistigen Situation der Zeit‹ mit Beispielen aus der modernen Literatur belegt. Hier einige Proben: »Erotik und Sexualität in der modernen deutschen Literatur, das ist immer: allein sein. Die Menschen haben nicht mehr miteinander zu tun, sie kämpfen gegeneinander, ziehen sich vorsichtig und verletzbar voneinander zurück ... Krankheit, Alter und Tod – das ist es, wovon die Liebesgeschichten der modernen Literatur handeln ... Max Frischs Bestseller Montauk, die Geschichte einer jähen Verliebtheit in eine junge Frau, ist in Wahrheit ein Abschied von Beginn an. Gegenwart bis Dienstag ... Die Libertinage hat die

Menschen nicht zueinander, sondern voneinander weg geführt.

Ob Handke oder Born, Becker, Frisch, Grass oder Fichte – sie beschreiben einen Zustand, den sie selber mit verursacht haben . . . eine Gleichgültigkeitsattitüde, wie sie sich bis hin zum schlürfenden Gang, der lässig-langsamen Körpersprache der Jeans-Generation ablesen läßt, deren Tänze keine Tänze *mit*einander sind, sondern Solonummern, eingewoben in rhythmische Zeremoniosität, im Tran des Alleinseins . . . Eine der häufigsten Floskeln aus der Subkultur zeigt das frappant: ›anmachen‹. ›Mach mich nicht an‹ heißt ein beliebter Schlager, ich möchte dich anmachen, sagt der junge Mann in der Bar, und eine Gasheizungsreklame in der Hamburger U-Bahn zeigt eine mäßig vulgäre Kleinbürgerin mit dem Spruch: ›Mach den Ofen an, sag ich immer zu meinem Jonny, bevor du mich anmachst.‹ Das Wort heißt also nicht nur ›flirten‹, wie es scheint. Jedoch: das Gegenteil von anmachen ist – ausmachen. Es ist also ein Begriff aus der Dingwelt. Man macht eine Lampe an oder eine Heizung aus . . .«

Auch wer sich in kleine Netze rettet, sucht dort selten die Verbindlichkeit sozialer Verpflichtung. Die Konzentration auf das eigene Glück bleibt leitendes Motiv, Unverbindlichkeit des sozialen Arrangements ist die Folge. Dieser Egozentrismus findet sich in zunehmendem Maße auch bei Frauen. Hatten die westdeutschen Frauen Mitte der siebziger Jahre noch zu einem Drittel gesagt, ihr Lebenssinn bestehe darin, »ganz für andere dazusein«, so war zehn Jahre später nur noch ein Viertel dieser Meinung. Statt dessen rückt der Wert »privates Glück« auf der Skala der Lebensziele immer rascher nach oben.

4. Man übt sich in einer Haltung heroischer Tapferkeit, die sich meist mit einem tiefen Pessimismus verbindet. Eingestandene Bindungslosigkeit führt nicht zum Narzißmus, den man verachtet, sondern zur Maxime Max

Webers, der Forderung des Tages gerecht zu werden. Voraussetzung dafür bleibt aber die Einsicht, daß die gegenwärtige Kultur eine »Polarnacht von eisiger Finsternis und Härte« erwartet. Dieses Schicksal gilt es, männlich zu ertragen. Samuel Beckett hat die Absurdität früherer Sinngehäuse zum Gegenstand seiner Stücke gemacht, er ist einer der Lieblingsdichter der Deutschen. Gottfried Benns Werk steht für einen Durchhaltewillen, der nur auf sich selbst verweist. Form gibt Lebenshalt, und ästhetische Gestaltung erlaubt bescheidenes Glück. Aber was auf diese Weise an Gedichten entsteht, verheißt selber keines:

> O daß wir unsere Ururahnen wären.
> Ein Klümpchen Schleim in einem warmen Moor.
> Leben und Tod, Befruchten und Gebären
> glitte aus unseren stummen Säften vor.
> Ein Algenblatt oder ein Dünenhügel,
> vom Wind geformtes und nach unten schwer.
> Schon ein Libellenkopf, ein Möwenflügel
> wäre zu weit und litte schon zu sehr.

5. Schönheit ist für viele heute die einzige Quelle von Glück. Wenn sowohl die Natur als auch die Geschichte ihre sinnstiftende Kraft verloren haben, scheint einzig eine Ordnung noch Glück spenden zu können, die der Mensch selber aus seinem Kopfe heraus produziert. Das können logische Systeme oder Gedichte sein, Wissenschaft oder Dichtung. Das Glück der jungen Leute vor ihrem PC wäre dann gleichbedeutend mit dem Glück des Schriftstellers, der das richtige Wort, den richtigen Rhythmus gefunden hat. Der Mathematiker und Dichter Musil hatte dies schon gesehen: »Der Geist hat erfahren, daß Schönheit gut, schlecht, dumm und bezaubernd macht... Er bringt durcheinander, löst auf und hängt

neu zusammen. Gut und bös, oben und unten sind für ihn nicht skeptisch-relative Vorstellungen, wohl aber Glieder einer Funktion, Werte, die von dem Zusammenhang abhängen, in dem sie sich befinden.«

Wer nur noch ästhetische Werte als Glücksquelle gelten läßt, den stört Häßlichkeit, wo immer er auf sie trifft. Karl-Heinz Bohrer betrachtet unter dem durchgängigen Kriterium einer ›Ästhetik des Staates‹ die Welt deutscher Politik und wendet sich voller Ekel ab: »Die Häßlichkeit dieser Männer war eine besondere Häßlichkeit. Regierungschef, Außenminister und schließlich der Vorsitzende der konservativen Koalitionspartei hatten alle den gleichen fleischigen Körperbau. Es war nicht das Fett allein, es war diese Fleischigkeit... Ja, es war tatsächlich das Häßliche selbst. Auffällig das Gebaren des Regierungschefs, sein Grinsen: Andere Höhere lächelten auf Zeitungsfotos oder versuchten, bedeutend auszusehen. Dazwischen gab es verschiedene Grade an Ausdruck in der Ästhetik des Staates. Dieser Höhere aber grinste ohne jeden ersichtlichen Anlaß... Der Grinsende grinste aus einer Mischung von Arglosigkeit und Angst. Er bettelte mit diesem Grinsen um Ablaß von etwas. Oder aber triumphierte er im schieren Behagen seines Behagens?«

Nicht nur auf die politischen Führer, sondern auch auf das Volk wendet Bohrer seine ästhetische Sonde an: »Dieses Volk hatte offenbar nie wieder eine ästhetische Form, das heißt politische Institutionen und gesellschaftliche Selbstdarstellung gefunden, die der geographischen Größe des Landes und der politischen Situation, in die es verstrickt war, entsprochen hätte. Deshalb also das zunächst unerklärliche Grinsen des Höchsten. Es war der ästhetische Ausdruck dieser moralisch-politischen Verfassung... Im Grinsen des Höchsten umschloß das rote Zipfelmützendach, das der Reisende zwischen der schönen Landschaft oft gesehen hatte, auf einmal das ganze Land.«

6. In einer Zeit der Sinnleere versucht man, neuen Sinn zu stiften. Diese Versuche zeigen häufig eine Nähe zu den ästhetischen Glückstheorien. Für die Situation der Bundesrepublik liefert Karl-Heinz Bohrer wieder das Beispiel. Seine ›Ästhetik des Staates‹ öffnet eine Perspektive, die in kulturpessimistischen Endzeitstimmungen stets Rettung verhieß: Die Größe und Ehre der Nation, die Energie eines junggebliebenen oder junggewordenen Volkes soll für den einzelnen neue Orientierung und neuen Lebenssinn liefern. Bohrer war Englandkorrespondent der FAZ, als der Falklandkrieg ausbrach. Er verglich die deutsche und die britische Nation, unter dem Gesichtspunkt nationaler Ehre, Opferbereitschaft und Staatssymbolik. Sein Urteil über Britannien: »Der Löwe kann noch brüllen.« Sein Urteil über die Bundesrepublik: »Es gibt keine Nation auf Erden, nicht einmal die sprichwörtlichen Levantiner, die so ausschließlich von ökonomischen Argumenten beherrscht wäre wie die Deutschen.« Westdeutsche Händlergesinnung enthalte keine Spur von Staatsbewußtsein mehr, »sondern bloß das harmlose Bild föderativer, fettprangender Provinzen zwischen Karneval und Weinernten. Mit Metzgereien ausstaffiert wie mit Boutiquen und so übersättigt, daß sie nur andere für sich kämpfen lassen könnte, oder es bräche eine Massenhysterie aus: die Staatskrise.« Händler und Helden: Dieser Gegensatz war ein wichtiger Bestandteil der deutschen Kriegsideologie 1914. Werner Sombart hatte sie formuliert. Aber damals waren die Briten die Händler und die Deutschen die Helden: »Sie bilden die beiden großen Gegensätze, bilden gleichsam die beiden Pole aller menschlichen Orientierung auf Erden. Der Händler . . . tritt an das Leben heran mit der Frage: was kannst du Leben mir geben; er will nehmen, will für möglichst wenig Gegen-

leistung möglichst viel für sich eintauschen, will mit dem Leben ein gewinnbringendes Geschäft machen ... Die Tugenden aber des Helden sind die entgegengesetzten des Händlers: sie sind alle positiv, Leben gebend und weckend, es sind ›schenkende Tugenden‹: Opfermut, Treue, Arglosigkeit, Ehrfurcht, Tapferkeit, Frömmigkeit, Gehorsam, Güte. Es sind kriegerische Tugenden ...« Unter der Überschrift ›Nationalgefühl und Glück‹ berichtet Elisabeth Noelle-Neumann von einem Umfrageergebnis: »Personen mit ausgeprägtem Nationalstolz sind zufriedener, froher als Personen ohne entwickelten Nationalstolz, die sich seltener vorbehaltlos als glücklich bezeichnen, häufiger an dem Sinn des Lebens zweifeln und auch ihre häusliche Situation ungünstiger beschreiben ... Individuelle Lebenszufriedenheit ist ein Korrelat der Identifikation mit dem eigenen Land.«

Diese These hat eine große Tradition. Am Beginn der Neuzeit war es Macchiavelli, der in einer Zeit des Werteverfalls und des Kulturpessimismus versuchte, aus der Idee der Nation für den einzelnen wieder ein lebenswertes Leben zu gewinnen. Tugend hieß deshalb vor allem Bürgersinn und Opferbereitschaft für den Staat. Die Deutschen haben nicht nur pessimistische Kulturtheorien hervorgebracht, sondern auch das Korrelat dazu: die Verherrlichung nationaler Macht und der Tugenden, die ihr dienen. Das ging nicht ohne Verachtung des individuellen Glückes ab. Nietzsche schüttete seinen Hohn aus über die Menschen, die meinten, das Glück erfunden zu haben. Im ›Zarathustra‹ schrieb er: »Überwindet mir, ihr höheren Menschen, die kleinen Tugenden, die kleinen Klugheiten, die Sandkorn-Rücksichten, den Ameisen-Kribbelkram, das erbärmliche Behagen, das Glück der meisten!« Spengler nannte das Glück »ein hundsgemeines Ideal«. In seinem ›Untergang des Abendlandes‹ heißt es: »Glück und Ruhe sind eigentlich den höchsten Vorbildern der Menschen unbekannt.«

Diese Philosophie hat der Welt viel Leid beschert. Georges Clemenceau, ein Angehöriger einer Nation, die sich selbst groß nennt, schrieb über die Deutschen: »Es entspricht dem Wesen des Menschen, das Leben zu lieben. Der Deutsche kennt diesen Kult nicht. Es gibt in der deutschen Seele, in der Kunst, in der Gedankenwelt und Literatur dieser Leute eine Art Unverständnis für alles, was das Leben wirklich ist, für das, was seinen Reiz und seine Größe ausmacht, und an dessen Stelle eine krankhafte und satanische Liebe zum Tod. Diese Leute lieben den Tod.«

Heute lieben die Deutschen ihr persönliches Glück, und sogar konservative Politiker werben mit individuellem Glücksversprechen. Auf einem Plakat des CDU-Wahlkampfes 1986 sah man zwei Schornsteinfeger und den Text: »Niedersachsen wählt das Glück. Es geht uns gut. So soll es bleiben.« Nationalstolz ist dagegen wenig gefragt. Unterboten werden wir darin nur noch von den Holländern, die nur zu 19 % ›sehr stolz‹ auf ihr Land sind. Die Westdeutschen liefern 21 %, die Franzosen 33, die Briten 55 und die Amerikaner 79.

Nicht nur Frau Noelle-Neumann bedauert dieses Manko an Nationalgesinnung bei uns. Es mehren sich die Stimmen derer, die wie Macchiavelli, Nietzsche und Bohrer vor Dekadenz warnen. Die schrillsten Töne aber kommen gegenwärtig aus dem Lande Clemenceaus: Die radikale Rechte in Frankreich verkündet eine Philosophie überindividueller Werte, wie sie vor einem halben Jahrhundert in Deutschland Mode war. Ihre Gewährsleute sind denn auch vornehmlich deutsche Philosophen.

Die Westdeutschen sind dagegen gute Liberale geworden. Wer wollte sie dafür schelten – nach zwei verlorenen Weltkriegen und in einem geteilten Reich! Nicht einmal der Gedanke der Wiedervereinigung taugt als Quelle massenhafter Glücksgefühle, ganz zu schweigen vom Traum eines großdeutschen Reiches.

Diese kleine Durchsicht gegenwärtiger Glückskonzepte und -rezepte zeigt zwei Grundpositionen: Veränderung der Welt oder Rückzug aus ihr. Es gibt auch Verbindungen. So erhoffen sich viele von ihrem Rückzug ins eigene Ich oder auf Bauernhöfe gleichzeitig einen erdumspannenden Wandel in Moral, Wirtschaft und Politik.

›Mit sich und der Welt zufrieden‹: das bedeutete das Glück seit je. Im Einklang mit den Mächten leben, die unsere Existenz tragen, man hat es meist nur gekonnt, indem man nach einer Seite nachgab: sich in die Verhältnisse schickte oder die Verhältnisse änderte. Und wenn die Umstände verzweifelt schlecht wurden, gab es immer noch den radikalen Schnitt des Ausstiegs in eine absolut private Existenz.

Heute hat sich die Lage verschärft. Rückzugsmöglichkeiten sind eingeschränkter, ja vielleicht überhaupt nicht mehr vorhanden. Wer irgendwo auf der Erde ein Stück Land erwirbt, um davon zu leben, sollte mindestens ein Radio und einen Becquerel-Messer mitnehmen, um sich bei einem Reaktorunfall richtig zu verhalten. Die Verhältnisse erreichen uns überall, und die Zufriedenheit mit sich und der Welt sind nicht mehr auseinanderzudividieren.

Man kann aus dieser Lage auf eine Verschlechterung der menschlichen Glücksbilanz schließen. Das tun viele. Was bisher möglich war: sein Heil im Rückzug zu suchen und noch in der Resignation Glück zu erfahren, ist kaum noch möglich. Ob Gärtchen hinterm Haus oder Park ums Schloß, unter der Schönheit lauert das Gift. Selbst Winkel der Erde, die keine Landkarte erfaßt, sind längst in das Netz militärischer Strategien einbezogen und jedenfalls von den Auswirkungen atomarer Experimente betroffen. Das galt vor Jahrzehnten für nie betretene Atolle im Pazifik, heute gilt es für die Seen und Flüsse Kanadas oder Finnlands, für Grönland und die Antarktis.

Fazit: Das Glück des Menschen wird immer mehr vom Glück der Menschheit abhängig. Gewiß, es gibt noch Schonzeiten und Enklaven des Glücks. Europa ist so eine privilegierte Ecke, und die Bundesrepublik Deutschland noch einmal wieder ein besonders luxuriöser Fleck. Aber die Zeiten ungetrübten Glückes gehen zu Ende: für Kontinente ebenso wie für Nationen, für Rassen ebenso wie für Klassen. Die Menschheit sitzt in einem Boot, und ob seine Fahrt in Zukunft glücklich sein wird, hängt vor allem davon ab, ob sie zu der Solidarität findet, welche die wichtigste Voraussetzung einer guten Besatzung ist. Hier ist Skepsis angezeigt. Zwar wollen alle Menschen glücklich sein, aber die Frage ist, ob sie zu der gebotenen weltumspannenden Glücksstrategie fähig sind. Vielleicht haben doch diejenigen recht, die sagen, über das Glück mache man sich nur in Zeiten Gedanken, in denen es schwindet?

Martin Greiffenhagen

Propheten, Rebellen und Minister
Intellektuelle in der Politik.
236 Seiten mit 36 Abbildungen. Leinen.

»Greiffenhagen erzählt in gut lesbarer Form von einem spannenden Thema: den Bedingungen und Charakteristika intellektueller Existenz. Seinem Buch ist deshalb ein breites Publikum zu wünschen.« *Salzburger Nachrichten*

»Im besten Sinne kurzweilig ist Martin Greiffenhagens glänzender politisch-historischer Essay über die Rollen, die Intellektuelle von Platon bis Kissinger in der Politik gespielt, die Funktionen, die sie ausgeübt haben, und die Lager, in denen sie standen.« *Ex Libris*

»Greiffenhagens Buch führt uns ein reiches Spektrum von Lebensentwürfen vor, welche die üblichen Vorhaltungen ›Weltfremdheit, Radikalismus und Ungeduld‹ relativieren, die den Anspruch auf selbstbestimmtes Leben und gesellschaftlichen Veränderungswillen aufeinander beziehen und damit ›schlechte soziale Anpassung‹ als Tugend wahrnehmbar machen.« *Frankfurter Rundschau*

»Unter all den zahlreichen Charakterisierungen von Thomas Morus bis Rudi Dutschke sind die Theodor Herzls als Utopisten, der politische Wirklichkeit schuf, Robespierres als radikalen Gesinnungspolitikers, der die Massen hinter sich brachte und Walther Rathenaus als Symbolfigur der Widersprüche von Weimar am besten gelungen.« *Der Tagesspiegel*

». . . ein Buch, das mich gefesselt hat . . .« *Saarländ. Rundfunk*

». . . ein lesenswertes Buch . . .« *Südd. Rundfunk*

Piper

Martin Greiffenhagen

Von Potsdam nach Bonn
Zehn Kapitel zur politischen Kultur Deutschlands
246 Seiten. Kt.

»Souverän beschreibt er die Bedeutung der deutschen Intellektuellen; brillant ist der Essay über das evangelische Pfarrhaus als Ur- und Vorbild bürgerlicher Kultur in Deutschland. Auch die deutsche Zweigeteiltheit und die daraus erwachsenden Divergenzen wie Ähnlichkeiten der Entwicklung behandelt Greiffenhagen mit erfrischendem Pointenreichtum. . . . Ein schmales, aber höchst gehaltvolles Werk . . .«   *Westdeutsche Allgemeine*

»Quelle der Erkenntnis ist für Martin Greiffenhagen die Interdependenz zwischen Politikgeschichte und Geistesgeschichte . . . Ein Versuch über die nationale Identität der Deutschen also, mit verblüffenden Schlußfolgerungen und Erkenntnissen, zu denen vor allem die gehört, daß es sich um das Gesicht eines weitgehend Unbekannten handelt. Und schon darum ist diesem Buch die weitest mögliche Verbreitung zu wünschen.«   *Nordd. Rundfunk*

»Greiffenhagen bejaht auf kritische und daher überzeugende Weise unsere Verfassungswirklichkeit, d. h. die politische Kultur, wie sie sich aus ihren historischen Ursprüngen in der Nachkriegszeit herausgebildet hat. Dank durchgängig eingehaltener Distanz zu seinem Gegenstand gelingt es ihm, in seinem Buch so etwas wie nationale Würde auszudrücken. Es hebt sich daher wohltuend von der einfältigen Selbstgefälligkeit ab, die sich seit Jahren bei uns an die Stelle der Reflexion schiebt. Dem Buch wäre englische ebenso wie französische Übersetzung zu wünschen, da es sich denkbar gut dafür eignet, die gelegentlich bei unseren Bündnispartnern und Nachbarn über unser politisches Denken und Fühlen auftretenden Mißverständnisse aufzuklären.«   *Deutschland Archiv*

Piper

Martin Greiffenhagen

Jahrgang 1928
Aus einem unruhigen Leben.
208 Seiten. Serie Piper 887

Martin Greiffenhagen gehört zur Generation der »Luftwaffenhelfer«, von denen viele 1988 sechzig werden. Aus einem Pfarrhaus der »Bekennenden Kirche« stammend, erlebte er ein dramatisches halbes Jahrhundert bewußt mit: als Sohn und Vater, als Schüler und Lehrer, als Hitlerjunge und Schülersoldat, als Professor der alten und der neuen Universität. Greiffenhagen erinnert sich stellvertretend für eine Generation, die an den Ereignissen des Dritten Reiches nicht so unbeteiligt war, wie der Ausdruck »weißer Jahrgang« vermuten läßt. »Wenn der NS-Staat je eine Generation in seinen Fängen hatte, dann war es die unsere.« Viele Angehörige des Jahrgangs 1928 werden sich in diesem Buch wiederfinden.

Piper

Paul Watzlawick

Anleitung zum Unglücklichsein
132 Seiten. Geb.

»Watzlawick bannt den Leser in eine ständige Spannung zwischen Amüsiertheit und Betroffensein«   *Bild der Wissenschaft*

»Eine amüsante Lektüre für Leute wie mich, die dazu neigen, sich das Leben schwerzumachen. Ein Lesevergnügen mit paradoxem Effekt.«   *Brigitte*

»Ermunternd die spitze Zunge, mit der er die modischen Beziehungsgespräche lächerlich macht.«   *Der Spiegel*

»Eines jener seltenen Hausbücher, die sachlich und sprachlich halten, was sie versprechen.«   *Frankfurter Allgemeine Zeitung*

Vom Schlechten des Guten
oder Hekates Lösungen. 124 Seiten. Geb.

Der Mensch wird in seinem hartnäckigen Suchen nach endgültigen Patentlösungen Opfer der finsteren Schicksalsgöttin Hekate. Watzlawick zeigt in bewährter Manier anschaulich und lehrreich, wie wir ihren Fallen entgehen können.
»Wer ›Anleitung zum Unglücklichsein‹ genossen hat (und das sollen nicht gerade wenige gewesen sein), wird sich mit Vergnügen auf das neue Buch von Paul Watzlawick stürzen. Er wird nicht enttäuscht werden.«   *Abendzeitung*

Piper